Bio Stress

Novos caminhos para o equilíbrio e a saúde

SATTVA EDITORA

contato@sattvaeditora.com.br
www.sattvaeditora.com.br

Editora: **Vivian Lerner**

BioStress:
Novos Caminhos para o Equilíbrio e a Saúde

Masci, Cyro
BioStress: novos caminhos para o equilíbrio e a saúde / Cyro Masci. - São Paulo : Sattva Editora, 2018.

ISBN 978-85-67977-28-7

1. Administração do estresse 2. Estresse (Fisiologia) 3. Estresse (Psicologia) 4. Qualidade de vida 5. Saúde - Promoção I. Título

16-02638 CDD - 155.9042

Índices para catálogo sistemático BioStress : Psicologia 155,9042

Cyro Masci

Bio Stress

Novos caminhos para o equilíbrio e a saúde

ADVERTÊNCIA

Este livro deve ser utilizado como referência, não como substituto de avaliação ou tratamento médico.
Seus fins são estritamente educativos. Sempre que suspeitar de doença, procure um médico.

SOLIDARIEDADE SOCIAL

Parte dos direitos autorais desta obra foi destinada a Aldeias Infantis SOS.
Saiba mais sobre essa instituição em www.aldeiasinfantins.org.br.

Para minhas filhas Aimée e Paola.

Às vezes, o contrário de uma grande verdade é uma grande mentira.
E às vezes, o contrário de uma grande verdade é outra grande verdade.

[Niels Bohr]

Sumário

Introdução

Conta-se que do Monte Olimpo, morada dos deuses gregos, saía um rio que cruzava a Terra e tinha o poder de conferir a imortalidade a quem bebesse de suas águas. Ninguém, nem o explorador espanhol Ponce de León, chegou a encontrá-lo. Mesmo sem conhecer a lendária fonte da juventude, atualmente vivemos muito mais que nossos antepassados. Em apenas 30 anos, a longevidade média no Brasil aumentou quase 50%: pulou de 43 anos de vida em 1950, para 60 anos em 1980. E continuou subindo. Em 2013, a expectativa média de vida do brasileiro alcançou 74 anos e dez meses. Para 2050, esse número deve chegar a 80 anos e oito meses.

Possuímos melhores recursos para prevenir e tratar doenças, mas isso não significa necessariamente que estejamos vivendo com mais saúde. Ter saúde não é o mesmo que "não estar doente". A Organização Mundial da Saúde define a saúde como um estado de completo bem-estar físico, mental e social – e não a mera ausência de enfermidades! Quando gozamos de saúde plena, nosso organismo funciona de modo a não só aumentar a nossa longevidade, mas também a nos proporcionar uma vida com mais qualidade. Afinal, não basta dar mais anos à vida. Desejamos dar mais vida aos anos que temos pela frente. Não queremos apenas viver mais, queremos viver mais e melhor, muito melhor!

A questão-chave, portanto, é associar qualidade à quantidade de anos vividos. De que maneira reduzir nossas chances de adoecer? Como aumentar nossa resistência às doenças, em especial às infecções? O que fazer para melhorar a memória, o sono, a atividade intestinal? Como ter mais vigor físico e emocional para gozar de mais ânimo e disposição, sentir mais bem-estar e vitalidade?

A forma como conduzimos nossa vida também conta. Mas será que é possível desenvolver uma atitude mais alegre e otimista diante dela? Diminuir as preocupações e a ansiedade exageradas, aprimorando nossa capacidade de relaxar nas horas certas? Como melhorar nossa habilidade de enfrentar problemas com calma, determinação e persistência? Será que dá para aumentar nossa tolerância aos revezes da vida? Aprimorar a capacidade de interpretar os fatos? Reduzir a irritação e a raiva? E dominar as emoções a fim de agir com audácia e ousadia quando essas qualidades forem necessárias e com prudência e cautela quando essas aptidões forem adequadas?

A resposta a essas perguntas é: Sim! Na verdade, podemos formar e aprimorar todos esses atributos. Mostrar o caminho é o principal objetivo deste livro. E o mais interessante é que essas qualidades são ao mesmo tempo condição e resultado de um estado de equilíbrio, tanto físico quanto mental e emocional. Este equilíbrio dificulta o aparecimento de doenças, facilita o bem-estar físico e emocional e amplia a capacidade de encarar os desafios da vida.

Se essas conquistas forem efetivamente bem sucedidas – não se limitarem à postergação ou a um mero remendo – podemos formar um tesouro de recursos que vão se acumulando e facilitam o enfrentamento de dificuldades futuras, com ações cada vez mais eficientes, menor desgaste e resultados superiores.

O livro trata da conquista e da manutenção desse estado de equilíbrio. Traz reflexões e sugestões práticas para atingir esse alvo móvel (o equilíbrio não é estático como se poderia supor). Que as próximas páginas sirvam de inspiração para cada leitor construir a sua "versão customizada da fonte da juventude".

Capítulo 1

O que é BioStress?

Responda rápido: quem está andando de bicicleta está equilibrado? Sim ou não? Na verdade, sim, e, ao mesmo tempo, não. Explico melhor. O ciclista está em estado de equilíbrio, do contrário cairia. Por outro lado, ele se mantém em movimento e precisa corrigir sua postura o tempo todo para não se estatelar no chão. Então seu equilíbrio é provisório; seu movimento e postura devem ser alterados continuamente.

É bem assim que a nossa vida se mantém em equilíbrio. Trata-se de um equilíbrio dinâmico, provisório, que necessita de reações e correções, ainda que mínimas, a cada segundo.

BioStress tem a ver com esse tipo de equilíbrio, que pode parecer óbvio. Mas nem sempre foi assim. Até pouquíssimo tempo acreditava-se que uma das principais funções do organismo era manter seu estado interno o mais constante possível; se houvesse modificação nos padrões, a tendência era voltar ao ponto de partida, ao que era antes. Em outras palavras, nosso corpo teria por objetivo a estabilidade.

Os cientistas supunham que os parâmetros de funcionamento orgânico fossem estáticos. Para cada atividade, haveria certo número, nível ou quantidade ideal. E o corpo lançaria mão de uma série de mecanismos para voltar ao ponto de ajuste ideal (o chamado set point). Por exemplo, a pressão arterial deveria ficar em torno de 12 por 8, a frequência cardíaca entre 60 e 80 batimentos por minuto, a temperatura em torno de 37 graus, e assim por diante...

Esse padrão de estabilidade foi descrito em torno de 1920 pelo médico fisiologista norte-americano Walter Cannon e denominado homeostase. A palavra deriva de homeo, que significa igual, e estase, de fixo, parado.

Pouco tempo depois, em 1936, o médico húngaro Hans Selye, radicado no Canadá, escreveu uma carta para a revista científica Nature, ampliando o conceito de homeostase. Se você já leu sobre stress, deve reconhecer algumas das ideias que serão expostas a seguir.

Selye utilizou o termo stress pela primeira vez ao sugerir que o organismo humano teria um conjunto sempre igual de respostas às mudanças. Esse conjunto foi chamado originalmente de Síndrome de Adaptação Geral e com o tempo adquiriu o nome de Resposta ao Stress. Para Selye, se os fatores estressantes, que provocavam a reação ao stress, durassem muito tempo, a pessoa poderia ficar doente.

Assim, o conceito original de stress, conforme descrito pelo autor, considerava as leis da vida como limites estreitos de funcionamento a serem obedecidos. Isso se aplicaria à temperatura do corpo e aos níveis de oxigênio nos tecidos, para citar dois exemplos. Mas na vida como ela realmente é, poucos fenômenos ficam presos a margens tão rígidas.

ALÉM DOS LIMITES

O conceito clássico de stress persistiu até a década de 1980, quando os pesquisadores Peter Sterling e Joseph Eyer, da Universidade da Pensilvânia, nos Estados Unidos, propuseram alterações importantes. Esses autores destacaram que:

- Ao contrário do modelo original da homeostase, não existe no organismo um ponto de ajuste (set point) fixo, um parâmetro constante universal na maior parte do tempo. Por exemplo, o número de batimentos cardíacos por minuto varia de quando estamos em repouso absoluto até a aceleração necessária para fazer uma corrida.

▪ Esse ponto de ajuste não é resultado de uma única resposta, a síndrome de adaptação geral que Hans Selye, o "fundador" do stress, propunha. A regulação pode ser feita de modos diferentes. Para facilitar a compreensão, pense em alguém perdido num deserto, sem água. Uma solução homeostática única seria reduzir drasticamente a eliminação de água pelos rins. Uma solução mais dinâmica seria, além de forçar os rins a economizarem água, desviá-la de regiões menos importantes naquele momento, como boca, pele e nariz, a fim de evitar a evaporação e ao mesmo tempo provocar a sensação de sede, para que a pessoa vá buscar a água de que o corpo necessita.

O mais interessante: o organismo antecipa reações, não apenas reage, mas também proage. Por exemplo, diante de uma rua escura uma pessoa já fica atenta a movimentos, com músculos e mente em prontidão; *não espera que algo ruim aconteça para só então mobilizar seu corpo.*

Sterling e Eyer conceberam um novo termo para substituir stress, alostase, fruto de duas palavras gregas, stasis, que significa originalmente capacidade de estar em pé, e állos que quer dizer variável. Por meio dele pretendiam destacar que o organismo pode alcançar um novo estado de equilíbrio, em vez de voltar aos limites anteriores. Portanto, no lugar da tendência à estagnação, poderia haver mudança, ampliação das capacidades para se adaptar às novas condições.

Como o vocábulo stress já está consagrado e alostase é mais difícil de ser utilizado, minha proposta é juntar os dois conceitos na expressão BioStress. Não há, portanto, nenhuma novidade no fenômeno. Apenas resumi as duas ideias numa única palavra para poder trafegar à vontade entre o conceito mais antigo e o mais atual.

BioStress é formado pela união dos termos Bio e Stress. Bio significa Vida, ou, de modo mais amplo, em harmonia com os princípios que regem a Vida. Esses princípios giram em torno do estado de equilíbrio obtido por meio de mudanças e ajustes, tal como descrito em alostase. Já stress é o nome disseminado para o conjunto de reações que nosso organismo lança mão a fim de enfrentar as ameaças e pressões.

Vale a pena salientar que NÃO são apenas os conflitos e emoções que nos tiram do equilíbrio. Vários fatores físico-químicos podem nos afetar, o que também pretendo enfatizar com o termo BioStress.

Enquanto a visão clássica de stress era estática e, como consequência, os objetivos de prevenção, tratamento e recuperação visavam basicamente ao retorno a um estado anterior, a orientação do que estou denominando BioStress pretende ser dinâmica, com capacidade potencial, não apenas de nos fazer retornar a um estado anterior, mas também de ampliar e readequar nossos limites.

Portanto, o que está em jogo é mais do que uma simples troca de nome. Os novos conhecimentos possibilitaram a descoberta de novos recursos para enfrentar um velho problema. Essas abordagens inovadoras serão descritas nesse livro.

HIPOPÓTAMOS NA GANGORRA

O stress, no seu sentido mais antigo, poderia ser comparado a uma mesa de madeira sobre a qual vamos colocando pedras. A primeira pedra causa poucos efeitos, a mesa resiste bem. Continuamos pondo uma pedra após a outra e o tampo começa a se vergar, a ceder pelo peso. Até o momento em que toda a capacidade de suportar o peso acaba e o tampo arrebenta. Esse é o modelo linear, mecânico, estático, do stress. Ele constitui um bom exemplo de que "para todo problema complexo existe uma solução simples e errada".

Vejamos agora uma metáfora para o modelo do BioStress. Os pesquisadores que cunharam o termo alostase usaram a imagem de uma gangorra. Imagine que em um parquinho infantil perto de sua casa existe uma gangorra com duas crianças. Ambas se equilibram com relativa facilidade. Essas crianças representam todas as reações do organismo (que conheceremos logo mais) frente aos desafios e sobrecargas. Elas configuram a situação ideal, o BioStress desejado: as reações do organismo se encontram em movimento e esse movimento garante a estabilidade do funcionamento da mente e do corpo.

Agora imagine que eu coloque nessa gangorra dois hipopótamos. Esses animais também representam as mudanças na química do organismo, só que, em vez de serem leves e proporcionais à estrutura da gangorra, são pesados demais, desastrados demais!

Vários problemas começam a aparecer. O primeiro é o peso dos hipopótamos. Eles simplesmente destroem tudo que está no caminho até a gangorra. Do mesmo modo, as reações do organismo podem ser tão exageradas que acabem provocando uma grande desorganização nos diversos órgãos e sistemas do corpo humano.

Um segundo problema decorre do esforço necessário para equilibrar essa gangorra. Como os bichões são muito pesados, toda a energia do conjunto gangorra/bichões será utilizada apenas para manter o equilíbrio, quando poderia ser destinada a outros fins mais úteis, como ir a uma academia de ginástica ou simplesmente relaxar numa praia.

E, finalmente, o terceiro problema surge quando as reações exageradas do organismo devem ser finalizadas. Os hipopótamos devem sair da gangorra de modo coordenado, o que não é nada fácil para bichões grandes e desengonçados.

Assim, a metáfora ilustra que muitos problemas relacionados à nossa resposta a sobrecargas aparecem quando nossas reações químicas ficam descoordenadas, com velocidades diferentes e sem harmonia.

Portanto, o modelo antigo de stress, linear, mecânico, reducionista, não é suficiente para dar conta de todas as situações, logo não contempla todas as abordagens de prevenção e tratamento. É preciso utilizar um modelo mais dinâmico, como o que denominei de BioStress. A vantagem desse novo modelo é permitir uma abordagem bem mais ampla e sistêmica no enfrentamento das sobrecargas.

DESAFIO OU SOBRECARGA?

Não importa se é o trânsito congestionado, um cliente chato, um chefe injusto, uma reviravolta financeira ou uma perda pessoal inesperada. A maior parte dos acontecimentos pode ser encarada com um desafio ou uma sobrecarga. Vai depender de como interpretamos o fato.

Uma dificuldade pode virar um desafio se entendida como oportunidade de crescimento ou pode ser uma sobrecarga, um evento ruim e indesejado capaz de levar ao adoecimento.

O desafio é um acontecimento percebido como uma lição, algo a ser enfrentado em nome de alguma causa maior, quando um senso de missão dá um significado totalmente diferente ao que poderia ser considerado apenas um grande aborrecimento.

Às vezes, porém, o que era originalmente um desafio pode passar a ser uma sobrecarga. Isso acontece, por exemplo, quando ocorre em um momento inadequado para que servisse de lição. Não estamos prontos para lidar com suas implicações e consequências.

Os desafios também podem se tornar sobrecarga quando surgem em grande quantidade, a pequenos intervalos de tempo. Ou ainda, quando a dificuldade, embora única, é de tal modo catastrófica para nossas crenças ou rotinas que acabamos sucumbindo.

Assim, para um grande número de pessoas, nem sempre haverá controle total sobre a mente e sobre a interpretação dos fatos. Logo, o que poderia ter sido tratado como desafio constitui sobrecarga e pode levar ao adoecimento.

A SEQUÊNCIA DO ADOECER

O stress é fator de risco para as doenças que mais matam no Brasil: o infarto do miocárdio e o acidente vascular cerebral (o popular derrame). Não por causar diretamente esses males. O stress facilita o aparecimento de várias enfermidades ao desequilibrar o organismo, fragilizando e desorganizando suas defesas.

Por muito tempo, acreditou-se que o caminho do adoecimento associado ao stress fosse uma curva descendente ou uma escada descendo rumo à exaustão.

Hans Selye propôs que as sobrecargas faziam adoecer em três etapas:

- Na primeira, a "fase de alarme", o corpo, diante de uma grande exigência (ou de várias exigências menores ocorrendo praticamente ao mesmo tempo), mobiliza diversos hormônios para fazer frente aos desafios.
- Se a estratégia fosse bem sucedida, começaria o segundo estágio, o de "adaptação" ou "resistência", quando o corpo retornaria ao seu estado habitual, a uma suposta estabilidade.
- Mas, se os desafios fossem exagerados, superando a capacidade de enfrentamento, chegaria a terceira etapa, a de "exaustão", quando as glândulas convocadas para a adaptação estariam exauridas, os hormônios ficariam praticamente esgotados e a pessoa acabaria doente.

Quem já leu a respeito ou participou de treinamentos sobre stress muito provavelmente se deparou com essas três fases. Afinal, era a verdade divulgada e ensinada. E muitas formas de diagnóstico e tratamento foram baseadas nessa sequência de etapas, que o tempo mostrou estar equivocada.

Pesquisas posteriores revelaram que as três etapas acontecem numa quantidade ínfima de casos. É extraordinariamente raro que alguém tenha exaustão das glândulas e adoeça por falta de hormônios para continuar respondendo aos desafios.

A bem da verdade, quando a sobrecarga é física, por exemplo, uma queimadura extensa e grave, os hormônios às vezes chegam a faltar. Mas para situações do cotidiano em que a nossa mente é a principal afetada, o problema não está no esgotamento das reservas, mas na própria resposta do organismo. Logo, é a nossa resposta que deve ser aprimorada ou tratada.

As medidas que o nosso corpo adota para enfrentar as sobrecargas podem ser bem piores que a própria sobrecarga. Uma pessoa pode começar a ativar seus mecanismos de defesa de modo repetido e essa superativação acaba se tornando o problema – lembra-se dos hipopótamos na gangorra do parquinho?

É também possível que a pessoa tenha ativado seus mecanismos de defesa e, por algum motivo, não consiga desativá-los de maneira satisfatória, o que equivale a ter dificuldade de retirar os hipopótamos da gangorra.

Nas duas circunstâncias, as chances de adoecer e perder qualidade de vida aumentam enormemente. No próximo capítulo você vai entender o porquê ao conhecer melhor a natureza do nosso corpo e as raízes dessas sobrecargas.

Capítulo 2

As origens do desequilíbrio

Tudo na vida tem limite e a nossa resistência a pressões não é exceção. A partir de certo ponto, nossa capacidade de adaptação fica prejudicada e o resultado é que entramos num estado de desequilíbrio que facilita o aparecimento de doenças.

Para entender como isso ocorre é preciso saber que os seres humanos foram formatados para um ambiente com determinadas condições e abruptamente tiveram que sobreviver num meio em que as pressões e exigências são totalmente diferentes.

Herdamos de nossos ancestrais certas características tanto no modo de reagir diante da vida quanto no funcionamento químico do organismo. Tais características eram adequadas às necessidades daqueles tempos. Mas o mundo mudou, e muito! Nossos hábitos de alimentação, os tipos de problemas que enfrentamos, bem como a quantidade de substâncias tóxicas a que estamos expostos, deram origem a um contexto totalmente novo. Resultado: existe um claro descompasso entre a herança que recebemos e o que a vida requer de nós hoje.

Como resultado desse desequilíbrio, enfrentamos dois tipos de problema. O primeiro tipo é relacionado a nossas reações químicas, que estão sendo afetadas pelo modo como nos alimentamos e pela superexposição a substâncias tóxicas. Vou chamar essa situação de "sobrecarga químico-física".

Já o segundo tipo de problema se relaciona ao modo como enfrentamos e resolvemos nossas dificuldades. A agressão ocorre por utilizarmos recursos de enfrentamento úteis aos nossos antepassados, porém boa parte dessas estratégias é inútil perante os desafios atuais. O excesso de informações e a cultura que associa a felicidade ao consumo de bens – só para citar alguns exemplos – são situações que nossos ancestrais nem sequer poderiam imaginar. Dificuldades emocionais, conflitos no relacionamento com as pessoas, frustrações, responsabilidades e desafios em excesso são alguns dos agressores dos nossos tempos. Vou denominar essa segunda classe de problemas de "sobrecarga de vivência".

Vale a pena avaliar cada uma dessas sobrecargas em detalhes.

SOBRECARGA FÍSICO-QUÍMICA

Nossa civilização aprendeu a controlar e dominar a natureza, o que nos trouxe vantagens. Por exemplo, os tratamentos médicos disponíveis permitem acabar com infecções que há poucas décadas eram mortais, prolongar a vida de pessoas acometidas por doenças que ainda não têm cura definitiva e reduzir dores antes insuportáveis.

Também conseguimos modificar o comportamento de portadores de transtornos mentais, melhorando sua qualidade de vida e até mesmo permitindo o convívio social de pessoas que há poucos anos eram condenadas a viver isoladas em hospitais.

Já possuímos tecnologia barata e farta inclusive para utilizar a água da torneira sem medo – um fato banal hoje, mas que não pode ser menosprezado, já que doenças transmissíveis pela água dizimaram muitas vidas no passado.

E, pela primeira vez nos 3 milhões de anos de história da humanidade, constatou-se com surpresa que o problema da fome está dando lugar a uma nova realidade, a do excesso de peso. Embora existam pessoas nessa condição deplorável de fome, ela se deve exclusivamente à nossa incapacidade social e política de distribuir riquezas de um modo justo, não à escassez de alimentos.

Porém, toda solução cria um novo problema, e nossas conquistas não são exceção.

Por exemplo, as substâncias que evitam a proliferação de algas e bactérias nas represas. Se de um lado elas nos dão a segurança de não contrair doenças transmitidas pela água, de outro podem aumentar nossa exposição a agentes químicos utilizados no tratamento dos mananciais em níveis muito acima do que nosso organismo está habituado.

As medicações modernas também têm efeitos colaterais. Quando não são corretamente prescritas, ou seja, quando os benefícios não são claramente superiores aos efeitos indesejados, acabam se tornando um problema maior que o transtorno que deveriam controlar. Inibidores de apetite, antidepressivos e muitos antibióticos, ingeridos de forma indevida, são bons exemplos.

Se temos alimentos numa fartura inimaginável quando comparados às 100 mil gerações que nos antecederam, sua produção e distribuição em larga escala ampliaram o emprego de conservantes, agrotóxicos e corantes.

Nosso corpo possui um sofisticado sistema para anular e jogar fora substâncias indesejadas, mas tudo tem limite. Essas agressões levam a um desequilíbrio por ultrapassar nossos recursos habituais de anulação ou eliminação de tóxicos, forçando nosso organismo além dos limites.

Fora isso, a manipulação industrial retirou alguns componentes da comida e acrescentou outros. Assim, estamos ingerindo alimentos totalmente diferentes, tanto em quantidade, quanto em qualidade de nutrientes, e o organismo humano quase não teve tempo de se adaptar a essas alterações.

Estamos diante de uma verdadeira inundação de substâncias químicas e físicas que simplesmente não existiam no passado.

Vários agressores, como a poluição do ar e contaminantes dos alimentos, desrespeitam uma das mais importantes leis da biologia, segundo a qual nosso corpo é formado por substâncias químicas que devem possuir átomos com um número par de elétrons na última camada. Esses encrenqueiros podem "roubar" um desses elétrons, deixando o espaço livre – vem daí o nome radical livre.

Devido a essa modificação, a molécula se torna bastante instável. Daí o átomo com o elétron solitário "resolve" a situação da maneira mais imediata possível: rouba um elétron do vizinho. Agora é o vizinho que fica instável, o que é resolvido "roubando" um elétron de outro vizinho, que por sua vez, tira o eletro que necessita de seu vizinho e assim por diante.

É como um engavetamento de carros, um batendo na traseira do outro. Ou uma sequência de dominós enfileirados sendo empurrados e derrubando o próximo da fila. Essa reação em cadeia é conhecida como stress oxidativo. Diversas pesquisas sérias já revelaram que esse tipo de reação química provoca doenças e nos faz envelhecer mais rápido. O stress oxidativo é capaz de provocar lesões, não apenas na estrutura das células, mas modificar nossos genes, o DNA.

Além da poluição e dos contaminantes químicos dos alimentos, metais pesados, radiações e ressonâncias, micro-organismos, como fungos, bactérias e vírus, tabaco e álcool também têm a capacidade de iniciar essa reação em cascata e gerar radicais livres.

Infelizmente, essa é apenas a ponta do iceberg. Muitas pessoas podem possuir determinadas fragilidades ligadas aos genes, que não se manifestaram por falta de condições favoráveis. Há suspeitas de que essas mudanças no ambiente oferecem as condições para desencadear novos tipos de doenças que estavam latentes, adormecidas nos genes, e que conheceremos em breve.

Não pretendo ingenuamente sugerir que o ser humano vivia melhor no passado. A realidade dos nossos ancestrais era bem mais dura e dolorosa quando comparada aos tempos atuais. Quero ressaltar apenas que novas soluções criam novos problemas e precisamos conhecer as falhas das novas soluções a fim de encontrar alternativas para essas novas realidades.

SOBRECARGA DE VIVÊNCIA

Possuímos não apenas um, mas três cérebros unidos. E todos eles influenciam nosso comportamento.

O primeiro cérebro é como a sala de máquinas de um navio. Ele mantém em atividade as partes fundamentais do corpo. Nessa área são controlados os batimentos cardíacos, a pressão arterial, a sede (quando falta água), a temperatura do corpo, a respiração e os reflexos musculares. Mesmo que você esteja inconsciente – por exemplo, durante o sono –, essa parte primitiva do cérebro continua funcionando, dia e noite, sem parar. As estruturas envolvidas são a medula espinhal (que fica dentro da sua coluna, nas costas) e a área acima dela, o tronco cerebral.

O segundo cérebro cuida das necessidades básicas, como buscar comida, procurar parceiro/a, fugir de uma ameaça ou atacar um inimigo. Ele é composto por várias estruturas, dentre as quais a amígdala cerebral e o hipocampo, que integram o sistema límbico – estou resumindo ao máximo para facilitar a utilização prática das informações! O sistema límbico gerencia nossas necessidades essenciais e faz isso basicamente gerando sensações e reações denominadas "emoções".

E o terceiro cérebro é o córtex, uma camada mais externa, que confere ao cérebro aquela aparência enrugada exibida em todas as imagens de nossa massa cinzenta. É essa área que permite ao cérebro funcionar de modo integrado, além de exercer várias funções de pensamento, como ter consciência de si mesmo, antecipar problemas, simular soluções, pensar em termos abstratos e conceituais, e ainda ter vários tipos de memória.

Unidos, os três cérebros têm um poder de processamento impressionante. Reúnem cerca de 100 bilhões de células chamadas neurônios, cada uma delas em conexão com aproximadamente 10 mil outras. Essas conexões são formadas e reformatadas a todo instante, em um fenômeno conhecido como neuroplasticidade. Enquanto você lê este livro, novas conexões estarão sendo criadas de tal modo que, ao terminar a leitura, literalmente seu cérebro já não será mais o mesmo que era antes.

Essas conexões formam diversos tipos de memória, inclusive a de reação de emergência, que faz nosso organismo se preparar para lutar ou fugir diante de uma situação ameaçadora. Nossos ancestrais sobreviviam graças a esse sistema de vigilância bastante sofisticado, acionado de modo imediato e instintivo. Diariamente, eles tinham que encontrar comida ou escapar de virar comida quando se deparavam com animais ferozes, e ainda precisavam vencer terremotos, incêndios, alagamentos...

Essa reação automática, que trazemos armazenada no segundo cérebro, o "cérebro antigo", ainda hoje nos salva de apuros. Por exemplo, se você estiver atravessando uma rua e ouvir o guinchado de um pneu cantando, não vai ficar pensando "bom, esse ruído é de um carro, ele pode estar vindo em alta velocidade, portanto acho melhor apressar meu passo..." Você simplesmente vai se assustar e sair da rua o mais rápido que puder. Esse comportamento vai ocorrer de maneira automática e instintiva. Sorte a sua! Já imaginou o que aconteceria se você ficasse pensando muito antes de reagir? Poderia ser atropelado!

Possuímos um sistema de proteção extremamente eficiente para situações de risco físico, como a ameaça de um atropelamento, mas muito pouco ou nada eficiente para os novos desafios do nosso dia a dia. Batimentos cardíacos acelerados, dilatação das pupilas, maior sudorese e músculos tensionados, só para citar alguns exemplos, que utilidade essas alterações têm diante de certas dificuldades típicas da nossa era, como competição e cobranças no trabalho, congestionamento no trânsito das grandes cidades, conflitos no relacionamento interpessoal?

A civilização avançou em velocidade maior e o corpo não conseguiu acompanhar. Qualquer ameaça é interpretada como um risco de vida e dispara o alarme. Se isso ocorre sucessivamente, sem que a energia física mobilizada seja consumida, o corpo e a mente podem ser lesados por essa sobrecarga.

TENHO STRESS, MAS QUEM NÃO TEM?

As vivências a que estamos expostos nesse terceiro milênio contribuem para tornar o quadro mais complexo. Estar conectado o tempo todo, com celular, internet, mensagens instantâneas e contato social virtual, é um fato absurdamente novo para o cérebro, que está tendo que se adaptar a essa inundação de estímulos e informações. Fora o volume impressionante de estímulos luminosos, sonoros e auditivos nas ruas e ambientes de convivência, como centros de compra ou locais de trabalho.

Nossos ancestrais conviviam em grupos sociais de, no máximo, 20 ou 30 pessoas, a vida inteira! Hoje temos contato com centenas de pessoas num único dia.

Pior: estamos tão mergulhados nessas mudanças que simplesmente não percebemos seus efeitos. Experimente assistir novamente a um filme "de ação" lançado há 20 anos. É bem possível que sinta sonolência com o desenrolar das cenas, lentas demais para os padrões atuais. Se pudesse, tentaria acelerá-lo.

Não há qualquer indício de que o excesso de exigências, pressões e mudanças vá dar trégua nos próximos tempos. Pelo contrário, a tendência é aumentar.

Muitas pessoas podem se conformar com isso, como se o fato de ser massacrado pelas pressões e exigências até sucumbir fosse um acontecimento comum, esperado e universal.

Agora a boa notícia: você não precisa se entregar e aceitar o novo cenário como inevitável. É possível e desejável manipular tanto o meio ambiente quanto nossa relação com esse meio para reduzir os danos provocados pelo nosso esforço de adaptação às sobrecargas. Quer ver?

O HÁBITO DA PRESSA

"E aí, correndo muito?" ou "Trabalhando muito?" Quantas vezes nos últimos 30 dias você teve que responder a perguntas do gênero. Em síntese, elas passam a ideia de que se você faz as coisas com vagar, uma por vez, isso só pode significar que você está doente ou desistiu da vida.

Não sei ao certo a origem dessa crença infundada de que para ser alguém você tem que correr. De fato, existem momentos em que, se não se apressar, você pode perder o trem da oportunidade, mas essa não é uma regra que se aplica a todo o momento por toda a vida.

No fundo parece que estamos sempre buscando a paz de espírito, só que ela estaria apenas no futuro! Primeiro vem o dinheiro, depois a estabilidade, depois a família, seguida da vida social e depois vem o depois que fica sempre para depois, não necessariamente nessa ordem, mas sempre de modo apressado. E a paz de espírito, onde fica? Ou melhor, onde começa? Ou ainda, será que ela existe mesmo?

Grande parte da satisfação que encontramos na vida vem do fato de conseguirmos equilibrar as demandas e exigências do dia a dia com nossas aptidões e habilidades. Quando as demandas e exigências são maiores que nossas aptidões, sentimos o stress. E quando as nossas aptidões e habilidades são maiores que os desafios da vida, sentimos tédio. Daí a equilibrar uma (falsa) exigência de fazer cada vez mais em menos tempo com uma aptidão pessoal de ser rapidinho, é só um passo.

Nossa cultura privilegia a pressa. É como aquele pedacinho de madeira que jogamos para um cão ir buscar. A cada vez lançamos mais longe e mais alto, e o cachorro sai correndo abanando o rabo, todo feliz. Agimos assim a maior parte do tempo sem parar para pensar, mesmo porque a pressa não permite esse luxo.

A maior armadilha da pressa é dar a impressão de que é um instrumento para se chegar a algum lugar, quando, na verdade, é um fim em si mesmo! A pressa é uma espécie de ilusão de estabilidade do mundo, um modo de falso controle. Ao fazer tudo apressadamente você evita pensar, refletir, duvidar, aprender, crescer.

Para desconstruir esse hábito, é preciso parar e ponderar: Afinal, o que desejamos da vida? O que é realmente importante? Onde está escrito que a felicidade deve ser postergada indefinidamente para jogarmos o jogo da sobrevivência? E, o principal: quem disse que não é possível ter paz de espírito enquanto se vive o cotidiano?

O truque parece ser mudar o desafio da pressa pelo desafio do aprimoramento. Se não for possível em todos os momentos, que pelo menos algumas horas do dia sejam guardadas para fazer seja lá o que for com total concentração, aprimorando em especial as aptidões de concentração, perseverança e tranquilidade. Talvez não dê para agir assim durante todo o expediente de trabalho, mas pelo menos reserve alguns minutos.

Simplesmente faça o que é necessário de modo gradual, sem pressa, ou melhor, sem a ansiedade antecipatória de desejar terminar aquilo o mais rápido possível para ir fazer outra coisa, que deve também ser descartada o mais rápido possível, e assim por diante...

O resultado dessa prática é que você se tornará uma exceção, estará saindo da manada.

Essa reflexão sobre a pressa é apenas um aperitivo, um exemplo prático de que é possível ser você mesmo sem dobrar-se às sobrecargas. Esse livro apresentará outras possibilidades para lidar com o "stress nosso de cada dia".

Antes de apresentá-las, no entanto, vale a pena conhecer, no próximo capítulo, como as reações disparadas pelo cérebro na resposta ao stress podem ocasionar problemas físicos e emocionais.

Capítulo 3

Organismo em pé de guerra

A sorte está lançada. A frase, atribuída ao mais célebre general romano, Júlio Cesar (100 a.C. a 44 a.C.), costuma ser dita assim que se toma uma decisão importante, arriscada e, em geral, irreversível. Ela também poderia ser enunciada pelo cérebro antigo ao disparar a resposta ao stress.

Cada vez que o cérebro "acha" que você está em perigo, joga na sua corrente sanguínea uma série de hormônios. Eles atuam no corpo todo a fim de modificá-lo para que você esteja apto a enfrentar o combate, seja decidindo lutar ou fugir.

Numa situação de emergência, é imperioso obter energia farta, por isso seu organismo jogará uma grande quantidade de açúcar na corrente sanguínea. Como consequência, o apetite para guloseimas em geral aumenta. Os bolos, refrigerantes e sanduíches consumidos vão se juntar ao que já foi liberado a mais na corrente sanguínea, forçando seu pâncreas a sintetizar altas doses de insulina para regularizar o excesso. O risco é vir a desencadear o diabetes (ou piorá-lo, se já existir) ou então crises de hipoglicemia (queda abrupta das taxas de açúcar no sangue), o que por si só já provoca uma nova reação de emergência!

Como precaução, seu corpo também lança substâncias que não fornecem energia imediata, mas que podem ser necessárias se a batalha demorar. É o caso do colesterol. A desvantagem é que, se não for "queimado", o excesso pode vir a se depositar nas artérias, inclusive as coronárias.

Todas essas substâncias terão de ser transportadas com velocidade. Seu coração passa a bater mais forte e mais rápido, o que pode gerar hipertensão arterial, com todos os seus malefícios. A maior necessidade de oxigênio também produz aumento na respiração, o que é um verdadeiro desastre para quem fuma ou permanece em ambientes de fumantes. Pode faltar fôlego e surgir dificuldade para respirar.

Além disso, a acidez sanguínea pode mudar, tendendo à alcalinização, o que traz uma série de consequências também maléficas.

A musculatura deve responder às necessidades no menor tempo possível, por isso ocorre a contração generalizada. Com o tempo, ela pode provocar dores em diversas regiões, como nuca, ombro, costas e pernas.

A digestão deixa de ser prioridade. Todo o sangue é desviado para a musculatura, o que acaba provocando dificuldades digestivas se você insistir em comer nessa hora – é melhor deixar para depois. Quem já participou de uma refeição de negócios tensa sabe muito bem do que estou falando.

Todo peso extra deve ser descartado, ainda mais se entre lutar e fugir a escolha recair sobre correr a toda velocidade. Pode haver diarreia e necessidade imperiosa de urinar. Apesar de trazer hoje consequências sociais desastrosas, o incidente talvez derive de um reflexo antigo de lançar excrementos para espantar o inimigo.

Seu corpo também passa a fabricar mais células sanguíneas para transportar esse oxigênio extra. Ao mesmo tempo, há aumento dos fatores de coagulação sanguínea, a fim de preparar o organismo para o rápido controle de eventuais ferimentos. O excesso de células sanguíneas somado à maior coagulação pode formar pequenas "massas" dentro da corrente sanguínea, êmbolos que provocam derrame ou ataques cardíacos.

Se o indivíduo ingerir pouca água durante o dia, o resultado será ainda pior, já que haverá menos líquido circulando no organismo e a diluição das células estará diminuída ainda mais.

Inflamações devem ser prontamente debeladas e a dor não deve ser um impedimento. Por isso, seu corpo lança corticoides na corrente sanguínea, que com o passar do tempo diminuem a resistência orgânica às infecções. Um simples resfriado custa a melhorar e você pode pegar uma pneumonia que o coloca de cama por vários dias.

Há um aumento de endorfinas no organismo, analgésicos naturais e potentes. Esses compostos têm estrutura química e efeitos semelhantes aos da morfina. Também provocam euforia e existe a possibilidade de criarem dependência. Então, não estranhe se você, paradoxalmente, começar a procurar situações tensas para sentir alívio da tensão!

Existem dores de cabeça provocadas pela diminuição do nível de endorfinas circulantes. Então, de repente, surgem fortes dores de cabeça justamente nos finais de semana, quando você está mais relaxado, e, portanto, com menos endorfinas circulando.

Para finalizar, seus sentidos ficam em alerta, melhorando a visão, a audição, o olfato etc. Por exemplo, suas pupilas se dilatam para permitir melhor visão no escuro e concentração no que oferece mais perigo. Daí se a reação ao stress ocorrer em frente a um terminal de computador, seu organismo deixará muita luz penetrar sem defesa.

Desse modo, a reação automática às ameaças pode produzir dois grandes grupos de sintomas físicos, os musculares e os vegetativos, que serão resumidos nas tabelas a seguir:

Principais sintomas musculares

- Cansaço maior do que o habitual;
- Ombros "levantados", tensos;
- Olhos parecendo "cansados";
- Apertar os dentes;
- Sentir pressão ou dores na nuca;
- Sentir peso ou dores nas costas ou nos ombros (sem ter se machucado);
- Sentir peso ou dores nos braços ou pernas (sem razão aparente);
- Dores de cabeça;
- Tremores, fisgadas ou repuxões nas pálpebras dos olhos.

Principais sintomas vegetativos

- Crises de palpitação/ batedeira no coração;
- Diarreias mais frequentes;
- Dificuldade de respirar: o ar parece que não entra;
- Formigamento ou adormecimento de partes do corpo;
- Hipertensão arterial passageira ou crises de pressão alta;
- Náusea ou digestão difícil, sem motivo aparente;
- Tontura ou sensação estranha de balanço;
- Aumento na vontade de urinar;
- Zumbidos/tinidos no ouvido.

OS ALTOS E BAIXOS DOS PENSAMENTOS E EMOÇÕES

O modo habitual de pensar, sentir e agir também se altera. O terceiro grupo de sintomas produzidos sob efeito do stress são os comportamentais.

Inicialmente a reação do cérebro antigo tem por objetivo aprimorar sua concentração, seu raciocínio e suas aptidões. Mas depois de um tempo – e de tantas reações inúteis – seu organismo começa a apresentar sinais de cansaço.

O raciocínio, que parecia estar acelerado, às vezes fica lento e quase sempre confuso. A lógica vai desaparecendo. Há tendência a adiar decisões e dificuldade para estabelecer prioridades.

A memória costuma ficar diminuída, com esquecimentos frequentes. Não para algum fato desagradável da sua vida – o que seria até seria normal e saudável (e em última análise o objetivo do cérebro antigo) – mas para fatos cotidianos, como números de telefone, datas, compromissos.

Por sua vez, as mudanças emocionais podem ser de dois gêneros: para o lado da agitação ou para o lado da apatia.

A agitação se manifesta por certa irritação e eventualmente maior cinismo. Você se preocupa demais e por pequenos motivos fica nervoso e explode com facilidade. Sua paciência vai a zero.

A ansiedade (expectativa de que algo de ruim vai acontecer) é frequente e afeta especialmente o sono.

No outro extremo, você começa a se sentir incapaz, um inútil na vida. A tristeza passa a ser dominante, podendo ocorrer vários episódios de choro por um motivo pequeno, ou sem motivo algum.

O apetite sexual pode cair, com fracassos de desempenho, que geram mais ansiedade e depressão. O cansaço vem com mais facilidade.

Sentindo-se cada vez mais desiludido, você não consegue se abrir com as pessoas. É como se não tivesse o que falar.

Na maioria das vezes há uma mistura da agitação e da apatia, daí o estado de espírito costuma ficar parecendo um ioiô, ora com euforia e um excesso de energia, ora com tristeza e melancolia.

Nos momentos de apatia, pode haver lentificação dos movimentos, a coordenação motora ficar comprometida e pequenos acidentes (como tropeçar na escada ou derrubar objetos) se tornarem frequentes.

A maior parte das pessoas que observei parece ficar com um nível de atividade mais acelerado, falando abruptamente e num tom mais alto, com movimentos globais mais rápidos. A tendência é agir como uma "barata tonta", ocupando-se o dia inteiro, mas sem conseguir terminar qualquer tarefa.

Também é frequente a mudança de hábitos alimentares, em geral para o lado do excesso, levando em alguns casos ao abuso de bebidas alcoólicas.

A lista a seguir traz um resumo das mudanças nos pensamentos, ações e emoções.

Principais sintomas comportamentais

- Chorar mais que o habitual;
- Impaciência maior que o normal;
- Mau humor ou irritação por pequenos motivos;
- Surpreender-se assustado sem nenhuma razão;
- Sono agitado, perturbado ou interrompido;

- Diminuição do interesse pelas atividades rotineiras;
- Apreensão exagerada quanto ao futuro;
- Dificuldade de concentração;
- Grande inquietação, tensão, nervosismo, excitação ou agitação interna;
- Perda de interesse ou prazer sexual;
- Tristeza/depressão;
- Sentir-se física, emocional ou espiritualmente esgotado;
- Sentir pouca energia ou estar mais vagaroso que o habitual;
- Explosões emocionais;
- Dificuldade para tomar decisões;
- Esquecimento maior que o habitual.

A RESPOSTA FEMININA

A clássica reação de "luta ou fuga" foi descrita após a observação do organismo masculino. Os milhões de anos de evolução biológica colocam todo o corpo do homem em prontidão para atacar ou sair correndo diante de grave ameaça.

Durante muito tempo inferiu-se que as mulheres reagiriam do mesmo modo. Contudo, pesquisadores empenhados em estudar o funcionamento do cérebro de homens e de mulheres, em especial, como os hormônios sexuais influenciam a massa cinzenta, estão derrubando essa suposição. Em situação de risco, as mulheres reagem de modo completamente diverso. Essa é mais uma diferença entre os sexos.

Quando se encontram sob pressão, as mulheres tendem a adotar uma atitude de "proteção e amparo", resultado dos milhares de anos em que tiveram que cuidar dos filhos e preservá-los de todo tipo de perigo.

Assim, enquanto os homens desenvolveram reações marcadas pela agressividade e combatividade, as mulheres aperfeiçoaram características de amparo e proteção. Obviamente, isso é uma tendência. Sempre existirão homens pouco agressivos assim como mulheres guerreiras.

Esse achado talvez pareça óbvio, mas até então poucos cientistas tinham se proposto a investigar especificamente a reação das mulheres frente a situações estressantes.

A principal explicação não é o desinteresse puro e simples, mas a dificuldade em isolar os fatores hormonais femininos nos estudos. Como as mulheres sofrem variação de humor ao longo do ciclo menstrual, os pesquisadores optaram pelo caminho mais fácil de excluí-las dos trabalhos.

O que parece diferenciar a reação masculina da feminina é a presença do hormônio ocitocina, que é secretado durante a amamentação e auxilia na formação do vínculo entre mãe e filho. Mais recentemente, ele passou a ser chamado de hormônio da amizade diante dos indícios de que ele é fundamental para a formação de laços entre as pessoas.

A ocitocina também é produzida por homens e mulheres ao se defrontarem com situações difíceis. Ela promove a redução dos sentimentos de depressão e ansiedade, ao mesmo tempo em que favorece a calma e um comportamento de maior interação social. Só que os níveis do hormônio são bem mais elevados no sexo feminino.

Os efeitos calmantes da ocitocina podem ajudar a explicar porque, em média, as mulheres vivem mais que os homens. Por ação desse hormônio, elas tendem a contemporizar e a procurar uma solução pacífica, enquanto os homens, diante da mesma dificuldade, enxergam um desafio e se preparam para uma verdadeira guerra!

A presença do hormônio em altas doses talvez seja a responsável pela facilidade que as mulheres demonstram de procurar auxílio em situações adversas, seja buscando terapia emocional ou simplesmente parando o carro e perguntando o caminho correto quando se encontram perdidas, uma atitude sabidamente difícil para a maioria dos homens.

Enquanto as mulheres, de modo geral, alcançam clara vantagem ao manter a calma em situações estressantes, os homens habitualmente conseguem se desligar dos problemas com mais facilidade.

Os homens foram moldados e selecionados biologicamente para lutar, caçar e guerrear; já as mulheres, por milhões de anos, tiveram a função de guardiãs das crianças e defensoras da paz. Há 40 ou 60 anos, os tradicionais papéis se mantinham: o homem era o provedor e a mulher, a protetora. Algumas sociedades primitivas na África e no interior da Austrália ainda preservam essa estrutura.

Por meio de um exemplo é possível perceber como as diferenças entre as reações masculina e feminina aparecem na prática. Quando confrontados com alguma dificuldade, os homens tendem a se recolher, economizar energia e bolar uma solução, o que inclui fechar o bico e permanecer em silêncio. Seus antepassados caçadores pré-históricos, bem como os guerreiros de outras épocas da História, aprenderam a duras penas o custo de gastar energia sem necessidade absoluta.

Já as mulheres, confinadas às cavernas, aldeias e castelos, aprenderam a compartilhar suas experiências, o que explica parcialmente o fato de serem, no geral, bem menos diretas ao se comunicar que os homens. E de não economizarem o verbo. Uma mulher usa algo entre 6000 a 8000 palavras por dia, enquanto um homem se contenta com 2000 a 4000 no mesmo período.

Os homens realmente sabem como economizar suas energias. O cérebro masculino em repouso tem apenas 30% da atividade habitual. Já nas mulheres a atividade elétrica se reduz em apenas 10%, por isso elas não param de receber e processar informações. A explicação para tamanha discrepância vem do processo de evolução biológica: as mulheres tinham que estar bem alertas para observar suas crias, o que explica porque os cérebros femininos praticamente não desligam.

É extraordinariamente recente a inclusão das mulheres no universo do trabalho, da competição, da agressividade empresarial. Elas foram bruscamente inseridas num universo até então masculino. Adaptar-se a essa nova realidade foi e é extraordinariamente estressante.

CRIANDO UM PROBLEMÃO

A primeira complicação da resposta à sobrecarga aparece no momento em que a pessoa interpreta seus sintomas. Você pode ficar preocupado com as consequências sociais das mudanças ocorridas, com suas repercussões sobre seu desempenho profissional e sua capacidade de trabalho, ou ainda inquieto com a possibilidade de outras pessoas perceberem o que está se passando.

O cérebro antigo, que o defende de modo imediato e instintivo, cai em uma armadilha: interpreta os sinais que ele mesmo criou como novos sinais de perigo. Então adivinhe o que ele faz: gera mais reações de "luta ou fuga", que ocasionam mais sintomas, que estimulam mais uma vez o cérebro antigo e assim por diante.

A segunda complicação aparece se você supervalorizar os sintomas, achando que vai ter um ataque cardíaco, ou que está louco, que tem algo errado na cabeça, ou que... – exemplos não faltam. A essa complicação chamamos "catastrofização". Mais uma vez, seu cérebro antigo recebe o sinal, interpreta como "perigo" e desencadeia a única coisa que sabe fazer: gerar mais reações de "luta ou fuga".

A essa altura, o círculo vicioso se fechou! As pessoas costumam adotar um comportamento defensivo, isolando-se dos demais. Passam a evitar novos desafios e fogem de situações estressantes. É uma medida sábia, porém ineficaz. Suas obrigações sociais muitas vezes o obrigam a se expor. Como nessa fase a capacidade de reação está comprometida, há alto risco de fracassos pessoais e profissionais.

Aí você pode imaginar o que acontece: um novo estímulo que seu cérebro antigo interpreta como perigo, mais reações de "luta ou fuga", mais isolamento, mais fracassos, e assim sucessivamente...

Em síntese, empregamos respostas primitivas para lidar com os desafios contemporâneos. Nossos valores não estão sendo fortalecidos em prol de mudança nessa resposta primitiva. Ao contrário, estão sendo progressivamente solapados pelo excesso de informações irrelevantes e pela cultura de consumo desenfreado na falsa ilusão de que tudo isso nos trará algum alívio.

O risco é mergulhar em estados corporais alterados, como a tensão muscular. Ou em estados emocionais nocivos, como a ansiedade, a tristeza ou a irritação. Daí é comum buscar alívio na alimentação gordurosa, na ingestão de doces ou no consumo exagerado de álcool, hábitos que, por sua vez, têm a capacidade de modificar e dificultar ainda mais o funcionamento químico do cérebro.

Mas ainda há possibilidade de piorar. Os conjuntos de reações formados pelos estados emocionais e corporais dão margem a uma nova situação que, mais uma vez, é interpretada pelo cérebro antigo como perigo à vista. Surge, então, uma nova resposta capaz de ampliar ou modificar a primeira, a ponto de gerar mais estados emocionais tóxicos e comportamentos de utilidade bastante duvidosa, iniciando assim um novo círculo vicioso.

Antes que você se desespere, saiba que esse beco tem saída, há luz no fim do túnel. A partir do próximo capítulo você verá algumas estratégias em direção ao equilíbrio e à saúde.

Capítulo 4

Em busca da tão falada qualidade de vida

Sábado e domingo ensolarados, com gente divertida e muita conversa fiada. Ou um lugar isolado, no meio da natureza, com pouca gente e muito tempo para colocar as ideias em ordem. Qual é o seu protótipo de um fim de semana ideal?

Afinal, o que é essa tal qualidade de vida?

Para um faquir indiano que passe boa parte da vida se aperfeiçoando em desenvolver autocontrole e sentir menos dor provavelmente signifique um modo de vida bem diferente do adotado por alguém que more em São Paulo, trabalhe, digamos, lecionando e adore comer espinafre.

Embora as atividades campeãs de curtidas e comentários nas redes sociais sejam as mais exóticas ou as que mais liberem adrenalina, isso não significa que são o melhor para a sua pessoa. Algumas escolhas podem ser saudáveis e interessantes para alguns, não para você.

Não há escolha certa ou errada. Cada um deve descobrir o que é importante, faz sentido e lhe traz prazer. Valores pessoais, hábitos, rotina diária e planejamento são fatores que contribuem para determinar o que traz qualidade aos seus dias.

Por exemplo, talvez eu adore ficar o final de semana inteiro jogado numa cadeira lendo contos policiais, mas tenha uma vida sedentária que justifique ao menos uma caminhada leve aos sábados e domingos. Ou ainda que venha a aproveitar a única oportunidade para acompanhar os filhos ao circo enquanto o desejo espontâneo aponta para a cervejada com os amigos.

A conclusão imediata é que em algum momento teremos situações e escolhas conflitantes. E o primeiro conflito é com o tempo, o que fazer com as horas que não são determinadas por nosso trabalho.

Grande parte das pessoas deixa os finais de semana sem planejamento, acorda no sábado e fica até o meio-dia na cama pensando no que fazer naquele final de semana. E se surpreende zanzando pela casa até as últimas horas do domingo.

É curioso como pessoas muito organizadas em diversas áreas não têm a menor ideia de como preencher o tempo livre, aquele em que não se está trabalhando. Muitos inventam trabalho, outros improvisam qualquer coisa e os mais sábios já pararam para pensar no que desejam nesta vida, equilibrando o ter coisas com o fazer coisas e com o ser coisas.

Proponho um desafio: escreva (não vale apenas pensar, tem que colocar no papel) o que deseja para as próximas 2 semanas, os próximos 2 meses, 2 anos e também para daqui a 20 anos.

Na sequência, imagine que só lhe restam 20 anos de vida, depois que só tem 2 anos e por fim apenas 2 semanas de vida. O que é realmente importante?

Se você conseguir juntar as duas listas, a de longo prazo com a das prioridades vitais, tem grande chance de começar a equilibrar os três tipos de atividade que enfrentamos na vida: aquelas coisas que gostamos de fazer, aquelas que sabemos fazer e as coisas que devemos fazer.

Qualidade de vida, com algum senso de poder pessoal, talvez comece com o equilíbrio entre essas três facetas de nossas atividades, resolvendo os problemas que fatalmente aparecerão com o menor desgaste e a maior sabedoria possível.

Esse capítulo traz estratégias práticas, simples de serem implementadas e úteis para quem almeja viver com mais qualidade. Pois é preciso agir. Como afirmou o escritor e poeta britânico Rudyard Kipling (1865-1936), "Não é cantando 'olha, como é bonito!' e sentados à sombra que se constroem estes belos jardins".

ASSUMINDO DESAFIOS

Problemas sempre aparecem. Problemas, problemas e mais problemas. A vida é um mar de problemas sem fim. "Paz eterna" é uma frase que só cabe em porta de cemitério. Como é possível viver com alguma qualidade se temos tantos problemas a resolver? Comece mudando o seu enfoque.

Pesquisas sobre stress no trabalho apontam que muitas vezes ele resulta do chamado "efeito sanduíche", com altas obrigações por um lado e baixo controle por outro. Há diferenças gritantes entre autonomia de decisão e pressão emocional.

Muita responsabilidade com baixa autonomia de decisão é extremamente estressante. Por esse prisma, quanto menor a autonomia de decidir e maior a responsabilidade e a pressão por resultados, maiores as chances de chegar ao stress.

Em pesquisa americana com quase 5000 profissionais, os gerentes apresentaram demanda emocional em graus elevados e poder de decisão em graus menores, muito próximo aos médicos. Felizardos foram os cientistas naturais, que apresentaram alto grau de decisão e baixa demanda emocional. Já montadores elétricos, perfuradores de cartão e costureiras apresentaram demanda emocional alta e baixíssima autonomia de decisão. Os vigias, por sua vez, tiveram os menores graus de demanda emocional e de autonomia para decisão.

Antes que você decida mudar de profissão, talvez compense parar para pensar se por acaso já se preocupou com essas duas variáveis na última vez em que delegou tarefas, estabeleceu prazos, definiu responsabilidades.

Seja empregada ou autônoma, a grande maioria das pessoas passa boa parte de seu tempo fazendo coisas por obrigação. É esperado dos adultos que façam o que é necessário, muitas vezes sem levar em consideração o fato de que, para realmente se engajarem numa atividade, o trabalho deve estar de acordo com seus interesses e objetivos de vida, além de propiciar o senso de serem hábeis em determinada área.

Desde que Mihaly Csikzentmihalyi (pronuncia-se "mirrái tchic-sentmirrái") publicou o seu agora clássico A Psicologia da Felicidade, compreendemos que uma pessoa desfruta de um estado em que o senso de realização é máximo e o tempo parece não importar quando equilibra os desafios que tem pela frente com suas aptidões pessoais. Se o desafio é maior que nossa aptidão, surge a ansiedade e o stress. Caso nossa aptidão esteja acima dos desafios da vida, virá o tédio.

O xis da questão é que, em geral, só consideramos desafios o que está em sintonia com nossos interesses. E talvez uma das chaves para aumentar a felicidade pessoal seja transformar as obrigações da vida em desafios dignos de serem encarados.

ONDE ACHAR MOTIVAÇÃO

Gostando ou não, a vida nos obriga a enfrentar fatos e situações bastante chatos. O truque é tentar encontrar algo de interessante no fato ou situação, ou ainda um benefício como resultado de nossa ação, ou algum outro recurso que nos incentive a completar a tarefa proposta.

O ponto principal é que, ao parar para pensar nos motivos que nos levam a considerar uma atividade aborrecida, mas necessária, e ao atribuirmos de algum modo um colorido de desafio à tarefa, estamos nos capacitando a manter certa autonomia frente ao inevitável, certo senso de controle sobre o que nos foi imposto pelas circunstâncias ou pelo chefe, e encontrar estímulo para concluir o que é necessário.

Talvez você, leitor, ache que estou pregando o "princípio de Poliana", aquela personagem de um clássico da literatura infantil, escrito em 1913 por Eleanor H. Porter, que sempre via algo de bom em tudo que acontecia. Por exemplo, até ao ganhar sapatos horrorosos, ela ficava muito contente por ter pés para usá-los.

Mas o fato é que a maioria das pesquisas sobre competência pessoal e autoeficácia aponta uma direção comum: pessoas que conseguem obter sucesso em suas atividades formam um incrível arsenal de autoconfiança que as habilita a lidar com desafios futuros.

Em outras palavras, quando nos deparamos com um desafio, uma das primeiras avaliações que fazemos é se estamos em condição de "dar conta do recado". Se a resposta for "sim", imediatamente damos início a vários esforços (intelectuais, físicos, financeiros, etc.) para solucionarmos o desafio. Mas, ao contrário, se duvidamos da nossa capacidade, os esforços são menores, o resultado já fica comprometido e a situação acaba virando uma profecia de maus resultados que, sem querer, ajudamos muito a corroborar.

Por esses princípios, vale a pena transformar atividades supostamente desagradáveis num desafio digno de esforço. Sucesso chama sucesso e, muitas vezes, nasce do esforço de encontrar sentido nos revezes da vida.

OS SEGREDOS DOS OTIMISTAS

Existem pessoas com maior resistência ao estresse e aos infortúnios da vida. Um traço de personalidade comum entre elas é a capacidade de enxergar as exigências da vida como "desafios" e não como "ameaças". Para essas pessoas, enfrentar problemas é um modo de se testar, de se colocar à prova, aprendendo mais e mais a cada situação difícil. Cada desafio vencido (e vencer aqui pode significar errar e aprender com o erro!) acrescenta pontos na autoavaliação que se faz diante da próxima dificuldade.

No geral, as pessoas têm uma opinião a respeito de seu próprio desempenho baseada especialmente em experiências do passado. História pessoal de êxito gera energia para enfrentar desafios. E essa energia aumenta os esforços de enfrentamento e, consequentemente, as chances de se obter sucesso.

Este, por sua vez, alimenta a visão pessoal de alta eficácia, aumentando as chances de novo sucesso futuro.

O círculo virtuoso descrito é muitas vezes acompanhado de um forte senso de "estar no controle". Num estudo que se tornou clássico, ratos de laboratório foram submetidos a situações em que recebiam choques inevitáveis, enquanto outro grupo podia evitar o choque.

Após um único dia de experimento, cada grupo recebeu injeções de uma substância que provoca um tipo de tumor. Resultado: 73% dos ratos que não tinham controle sobre a situação desenvolveram a doença contra apenas 37% dos que tinham controle. Trabalhos posteriores confirmaram o princípio: a sensação de que é possível agir, apesar das circunstâncias, previne doenças e melhora o desempenho.

Outro traço comum aos indivíduos com alto desempenho em situações estressantes é que a maioria possui um "compromisso" com alguma coisa que para elas é significativo. Pode ser o próprio trabalho, a família, uma pessoa em particular ou a comunidade. O senso de "missão pessoal" e a atitude de direcionar sua energia ao que consideram digno e importante são extraordinariamente motivadores. Eles sentem-se capazes de mover montanhas.

E não é apenas sua atitude pessoal que melhora seu desempenho com baixo desgaste. De modo significativo, a intensidade dos laços sociais com amigos, familiares, membros da comunidade, do trabalho e até animais domésticos, servem como verdadeiros colchões de amortecimento para as dificuldades da vida.

Acredita-se que o contato social, por si mesmo, seja capaz de reduzir o stress, porém o que mais conta é a aceitação e apoio das pessoas de nossas relações. Assim, compartilhar os sentimentos e emoções é de grande importância na eficácia pessoal.

Há quem evite expor seus sentimentos para não ter que aguentar conselhos ou admoestações que só fariam diminuir sua autoestima. Na verdade, essa é uma armadilha fácil de desarmar: se a outra pessoa expõe sua opinião, em geral é porque quem está "se abrindo" não deixa claro sua necessidade de apenas ser ouvido, gerando uma falsa impressão de que está em busca de um bom conselho.

Assim, um laço social adequado e receptivo é fundamental. As pesquisas demonstram que pessoas casadas em geral são mais saudáveis que as solteiras. Entretanto – e antes que alguém tenha a brilhante ideia de exigir certidão de casamento junto com o currículo profissional – convém salientar que as dificuldades no casamento não apenas anulam o fator saúde do laço social, mas constituem um fator de desgaste de tal monta que chegam a alterar o sistema imunológico.

Também conta muito o modo como a pessoa explica os fatos de sua vida, o seu grau de otimismo ou pessimismo. Os resistentes aos infortúnios acreditam que toda situação infeliz é passageira, enquanto os pessimistas explicam os acontecimentos em termos permanentes. Otimistas se expressam utilizando termos como "às vezes" ou "por enquanto". Pessimistas dizem "sempre" ou "nunca".

Uma coisa é pensar "eu não consigo nunca ganhar dinheiro". Outra é falar com seus botões, dizendo "tenho ganhado menos ultimamente" ou "estes tempos estão difíceis, mas já passei por dificuldades antes...".

A abrangência das explicações também pesa, assim como a especificidade do motivo da dificuldade. Otimistas tendem a explicar a crise em termos de "o Brasil é um país difícil" ou "esta empresa vive uma situação delicada". Pessimistas tendem a atribuir explicações universais para seus insucessos, como "o mundo está perdido, a crise está por toda a parte" ou "toda empresa é injusta", "todo emprego é miserável".

Por fim, pessimistas tendem a interiorizar os motivos de dificuldade, enquanto otimistas tendem a atribuir as causas de dificuldade a terceiros. Diante de conflitos no trabalho, o otimista tende a conversar consigo mesmo em termos de "como esta empresa é chefiadas por antas!", ao contrário do pessimista, que já decreta "sou burro". Outro exemplo seria o otimista que pensa "hoje produzi menos, mas compenso amanhã" e não "sou incompetente...", que seria o estilo do pessimista.

Os otimistas tendem a explicar os bons resultados em termos permanentes ("sou competente"), enquanto os pessimistas os atribuem a causas temporárias ("tive sorte"). Numa boa maré, o pessimista até se congratula por se sair bem num episódio em particular, enquanto o otimista se dá os parabéns por ser uma pessoa ótima, não apenas naquela situação, mas em muitos aspectos da vida. Para completar, o otimista acredita que vitórias de sua vida foram causadas por ele mesmo enquanto o pessimista as atribui às circunstâncias.

Em função de todas essas características, os otimistas incorrigíveis, diante de um estado de dificuldades, parecem conseguir permanecer um longo período acreditando que "vai melhorar", por pior que a situação se apresente. Para muitos outros, no entanto, esse tempo é bem curto. Logo suas bases começam a estremecer.

PARAR PARA NÃO QUEBRAR

Imagine um carro que ande sempre no limite da sua rotação, exigindo tudo do motor. Claro que ele vai quebrar em pouco tempo. A maioria das pessoas faz exatamente isso com seu organismo. Enfia o pé no acelerador e vai levando. A consequência é o acúmulo desnecessário de tensão.

Existe uma estratégia de "manutenção preventiva" facílima de ser praticada. Diversas pesquisas demonstraram que se você "der um tempo", realizar uma interrupção periódica pequena, o dia renderá muito mais; você conseguirá realizar mais coisas, com menor stress e mais eficiência. Pequena interrupção significa algo como 2 a 5 minutos a cada 60 a 90 minutos, no máximo.

Muitas pessoas pensam que se pararem o que estão fazendo podem "perder o pique", deixar a energia ir embora. Puro engano! Nessas paradas, ocorre um aumento da "boa" energia, aquela que permite o equilíbrio entre as diversas áreas do seu cérebro. Na verdade, você já vem fazendo isso de maneira natural. Quantas vezes você já não se percebeu dizendo: "Bahh! chega, vou tomar um café (ou água, não importa)". Seu organismo está na verdade mandando, sem chance de discussão, você parar um pouco, porque ele precisa disso. E você já observou que na maioria das vezes volta ao trabalho mais calmo e relaxado?

Observe também que, ao voltar, em geral dá uma respirada profunda. Respira fundo e talvez diga para seus botões: "Vamos lá..." Essa respirada é fundamental. Quando você está tenso – e isso acontece várias vezes ao dia, sem que você perceba – sua respiração muda de padrão, o que é percebido como um sinal de perigo. Seu cérebro antigo encara as dificuldades como ameaças à sua integridade física e dispara a reação de "luta ou fuga" (lembra-se?). Em consequência, sua respiração fica mais rápida e superficial. Com isso, ocorre uma mudança na química do sangue, o que é percebido novamente como um sinal de perigo, desencadeando mais e mais reações de emergência. Por favor, pare e veja como você está respirando.

Agora que eu chamei a atenção para a sua respiração, provavelmente você deu uma inspirada, colocou ar para dentro dos pulmões. É gostoso, não é? Inspire e expire agora! Bom, não é? É exatamente isso que você fará nessas pausas: respirar! Quando, além de parar o que estiver fazendo, você respira de modo lento e controlado, seu cérebro antigo também percebe, só que agora como um sinal de que "está tudo bem".

Experimente durante duas semanas. Aposto um doce de padaria que funciona. Tenho feito essa aposta com pacientes estressados nos últimos 20 anos e até hoje nunca perdi.

Você com certeza já superou dificuldades fantásticas no decorrer de sua vida. Será que consegue enfrentar o desafio de, por duas semanas, realizar uma manutenção preventiva para ver se funciona?

Portanto, PARE, interrompa o que estiver fazendo e respire profundamente!

LISTA DE AFAZERES

É desgastante preocupar-se com coisas certas no tempo errado, assim como dedicar atenção a coisas erradas em qualquer tempo. E também ficar usando seu cérebro para se lembrar das tarefas quando você poderia simplesmente anotar num papel e ir seguindo a lista. Há desafios mais interessantes e saudáveis do que passar o dia inteiro exclamando "ah! quase esqueço..." e sair correndo para apagar mais um incêndio que você mesmo criou!

Muitas pessoas dizem que sua atividade não permite uma lista de afazeres, está sujeita o tempo todo a contratempos e interrupções. Até certo ponto, pode ser verdade. Mesmo assim, compensa fazer uma lista não diária, mas semanal, das coisas principais que terá de resolver naquele período.

Ao elaborar a sua lista, tenha sempre em mente que tudo que você faz tem consequências sobre sua vida. Assim, é interessante pensar nas atividades e classificá-las em quatro tipos de categorias:

Categoria 1: Atividades que eu preciso/devo fazer, custe o que custar. São imprescindíveis para minhas metas. Se não fizer, terei grande prejuízo.

Categoria 2: Atividades que eu deveria fazer, se for possível. São recomendáveis para as minhas metas.

Categoria 3: Atividades que eu gostaria de fazer, mas não sentirei muita falta se não fizer. Talvez sejam úteis no futuro. São apenas desejáveis para minhas metas.

Categoria 4: Atividades que eu penso em fazer, mas na realidade não têm a menor importância para minhas metas. São elimináveis sem consequências graves.

DICAS VALIOSAS

Qualquer um é capaz de devorar um elefante. Basta cortá-lo em pedacinhos e ir comendo aos poucos. Não tente abocanhar tudo de uma vez para não ter indigestão. Vá aos poucos. Planeje objetivos intermediários.

- Ao priorizar suas atividades, defina a qual categoria elas pertencem. As atividades incluídas na categoria 1 têm a maior prioridade. As da categoria 2, segunda prioridade, e assim sucessivamente;
- Sempre existirão prioridades iguais. Diferencie com uma subnumeração como 1.a, 1.b, 1.c, etc.;
- Entre duas atividades de prioridade igual, faça primeiro a mais fácil e que demande menos tempo. O benefício é igual e o custo, em tempo, é menor;
- Se existirem duas atividades fáceis, comece primeiro com a atividade mais longa. É o princípio do frango com batatas. Uma cozinheira deixa o frango assando, pois leva mais tempo, enquanto descasca as batatas, que assam rápido;
- Procure acabar cada tarefa começada, evitando interrupções. Se necessário, divida em subtarefas mais fáceis de serem executadas;
- No seu agendamento, agrupe tarefas curtas num único bloco de tempo;
- Reserve blocos de tempo maior para atividades importantes;
- Terminada a atividade, faça uma pequena "ticada" ao lado (✔). É um passo fundamental. Está comprovado que "ticar" coisas realizadas é gratificante e dá mais força para continuar o processo. Não importa a inteligência nem a função, todos reagem assim;
- Respeite-se como pessoa importante: compromisso assumido deve ser honrado. Seu futuro merece respeito;
- Reserve tempo para avaliações periódicas e uma margem de 10 a 20% do tempo total estimado para imprevistos, flexibilidade e tolerância pessoal. Espere o inesperado: ele vai acontecer.

Capítulo 5

Desligando o piloto automático

Conta uma antiga história zen que um homem está andando em uma estrada no campo. De repente, ele vê outro homem, muito compenetrado, montado num cavalo, galopando apressadamente. O homem da estrada pergunta: "Está com pressa?" O cavaleiro responde: "Estou." O homem da estrada continua: "E para onde está indo?" O cavaleiro diz: "Não sei, pergunte ao cavalo!"

É assim que vivemos. Não sabemos para onde estamos indo, nem porque corremos tanto, emesmo assim não conseguimos parar. Esse cavalo que nos conduz são os nossos hábitos, nossos padrões de comportamento, nossos condicionamentos, os pensamentos e emoções que pululam na nossa mente.

Mas é possível não se perder no emaranhado de emoções e no blá-blá-blá interminável da mente. Para se libertar dessa correria insana, você precisa, antes de tudo, entender e aprender a reconhecer esses padrões.

SOBRECARGA AUTOPROVOCADA

Todos nós, em maior ou menor grau, agimos muitas vezes em desacordo com nossas próprias necessidades. Os seres humanos têm necessidades psicológicas, como:

- Dar e receber carinho;
- Segurança, sentir que possui algum controle sobre o que lhe acontece na vida;

- Explorar, aprender, crescer e ser criativo;
- Sentir que é importante para alguém.

Desde a infância você aprende maneiras de obter satisfação para suas necessidades, seja imitando o comportamento dos outros (especialmente os "mais velhos"), seja pela educação e treinamento que recebe, ou ainda, por tentativa e erro, na medida em que experimenta as consequências de seus atos (a boa e velha "experiência de vida").

Enquanto aprendia, você desenvolveu uma série de crenças, de certezas a respeito de si, das pessoas e do mundo. Esse aprendizado em geral é consolidado em torno dos 7 anos. Quer dizer, nessa tenra idade, grande parte das crenças que possuímos já está formada! Daí é fácil entender porque muitas dessas crenças (que guiam nossas vidas) são irracionais e irrealistas.

Muitas pessoas já tentaram mudar suas crenças e fracassaram. O motivo é que a transformação requer um método específico.

Em primeiro lugar é preciso que essas crenças sejam identificadas. Em segundo, que sejam questionadas. Em terceiro lugar, que sejam substituídas por outras mais adequadas.

Há três crenças principais (mas não as únicas) que desencadeiam os pensamentos e imagens ansiosos, estressantes. Vamos agora identificá-las. Em geral elas estão centradas em três temas principais: aceitação, competência e controle.

A ACEITAÇÃO

Todos nós queremos ser amados, respeitados, admirados, em síntese, aceitos pelos demais. Para muitas pessoas, no entanto, há uma necessidade imperiosa de aceitação. No fundo, elas acreditam que só alcançarão a felicidade e o bem-estar se forem "gostadas" por todas as pessoas.

Quando se deparam com situações de rejeição, sentem-se ameaçadas e aí o cérebro antigo começa a agir. Como você já sabe, o cérebro antigo não diferencia ameaças físicas das mais sutis, e assim vários sintomas de "luta ou fuga" aparecem.

Ansiosos do tipo Aceitação esperam que as pessoas emitam sinais claríssimos de apreço e aceitação. Ficam excessivamente atentos a indícios mínimos de rejeição. Uma crítica às suas ideias é encarada como um ataque à sua pessoa. Caso falem com alguém que está absorto em seus pensamentos, acham que não estão sendo aceitos, que a outra pessoa não gostou deles.

E se não fazem sucesso no grupo, isso é encarado como uma catástrofe. Os ansiosos do tipo Aceitação interpretam essas situações como ameaças que desencadeiam a reação de "luta ou fuga", gerando os sintomas corporais. Embora nem sempre esses sintomas corporais sejam percebidos, mesmo assim o círculo vicioso é mantido.

Em consequência dessa interpretação de ameaça e dos sintomas decorrentes, as pessoas com esse tipo de ansiedade desenvolvem o pensamento de que "tenho que agradar" ou "mereço respeito e admiração".

Se os demais respondem favoravelmente às suas crenças, tudo bem. Mas cada vez que não encontram sinais claros de aceitação – e isso ocorre com muitas pessoas no dia a dia – sentem-se ansiosos e ameaçados.

Passam, então, a evitar situações que oferecem risco de se sentirem rejeitados e podem adotar um comportamento agressivo com amigos e familiares que não emitem claros sinais de admiração – o que desperta nos outras reações que só fazem confirmar sua crença primária.

Como é virtualmente impossível ser amado e admirado por todos, vivem num estado constante de ameaça, procurando desesperadamente o que nunca será conseguido: ser amado, respeitado e querido por todos.

Saída: Uma pessoa ansiosa do tipo Aceitação precisa desenvolver um diálogo interno que valorize a si mesma e não questione a todo o momento se está havendo aceitação e aprovação dos outros.

A COMPETÊNCIA

Para outras pessoas, ser competente é uma questão de vida ou morte. Neste tipo de ansiedade, há uma incômoda sensação de inferioridade, um temor de não ser capaz de encarar certos trabalhos, posições ou responsabilidades, um medo constante de ser "descoberto", desmascarado.

Quem tem essas características, em geral exagera suas fraquezas, subestima suas capacidades, não tem noção real de seus talentos e se considera menos qualificado do que os outros. Sob vigilância excessiva quanto à ameaça de crítica, vive num estado constante de luta. Cometer um erro seria fatal, o fim. Não consegue aceitar que "errar é humano".

Como cometer erros faz parte da vida, essas pessoas estão condenadas a confirmar, nas suas cabeças, que a desconfiança quanto à sua capacidade é real. Seus inevitáveis fracassos confirmam sua crença primária ("sou incapaz"), gerando um comportamento de "evitação" e perfeccionismo, que tende a piorar seu desempenho, o que os sujeita a mais fracassos. Esses, por sua vez, alimentam a crença primária e o círculo vicioso se fechou!

Saída: Uma pessoa ansiosa do tipo Competência precisa questionar essas crenças e substituí-las por outras mais adequadas que lhe forneçam uma dimensão realista de suas capacidades.

O CONTROLE

Possuir certo grau de controle sobre os fatos da vida é fator de saúde mental. Contudo, para os ansiosos do tipo Controle, a simples possibilidade de que praticamente tudo ao seu redor não esteja sob seu comando e manejo soa bastante ameaçadora.

Esse tipo de ansiedade pode adquirir diversos formatos, por exemplo, o temor de ser dominado. Nessa manifestação, a pessoa teme ficar "escrava" de outra qualquer, não confiando na sua capacidade de ter controle relativo das situações, ou, mais que isso, não aceitando situações em que possa ter controle relativo. É "tudo ou nada", "vencer ou perder".

Ansiosos do tipo Controle muitas vezes compensam seus temores de perda de domínio em alguma área com excesso de poder em outra. Por exemplo, uma mulher que receia perder o comando sobre seu ambiente de trabalho (o que é esperado, já que ninguém é capaz de ter total domínio sobre os outros) compensa seu temor exagerando no controle de seus filhos ou da rotina da casa.

De maneira característica, também temem que as pessoas se aproximem muito, evitando contatos íntimos, sempre com o pavor de serem, de algum modo, dominados. Interpretam qualquer sugestão como uma insuportável tentativa de "tentar dizer o que tenho que fazer", e assim perderem a imprescindível sensação de controle. Quem tem este tipo de ansiedade, com frequência interpreta muitas situações sociais como ameaçadoras. Não raramente, tende a imaginar que as outras pessoas pretendem que fique devendo alguma coisa. Se para ser feliz é necessário comandar tudo, essa é uma possibilidade inaceitável!

A cada vez que enfrentam situações que ameaçam sua crença básica, os ansiosos do tipo Controle mandam ao cérebro antigo, por meio de seu diálogo interno, uma mensagem clara de perigo. Ele tentará protegê-lo da única maneira que conhece: com reações de "luta ou fuga".

O desconforto pode assumir a forma física ou emocional. E você chega à seguinte conclusão: "ora, se estou sentindo esses sintomas é sinal de que o que eu acreditava (o temor de perder o controle) é verdadeiro". Assim, o desconforto confirma que seu temor é real e solidifica sua necessidade de controle. O círculo vicioso está fechado!

Saída: É necessário ampliar o leque de opções disponíveis de ação, a fim de tornar a pessoa mais tolerante a situações de controle relativo, além de estruturar seu mundo em termos de "escolha" e não de "controle".

MODIFICANDO AS INTERPRETAÇÕES

Há alguns anos, acreditava-se que os acontecimentos que ocorrem na nossa vida provocam reações emocionais e essas determinam nossa resposta aos fatos, nosso comportamento. Daí as pessoas eram tratadas no sentido de mudar suas emoções na suposição de que isso promoveria alteração no comportamento.

Esse conceito passou por uma reviravolta. Atualmente sabe-se que as emoções são provocadas pela nossa interpretação dos fatos. Em outras palavras, nossas reações emocionais são secundárias à visão que temos do mundo.

Desde então, o alvo deixou de ser as emoções. A meta é modificar o que lhes dá origem, as interpretações que damos às coisas e eventos.

Desse modo, durante o nosso dia a dia, ocorrem fatos (1) que são filtrados por nossa interpretação (2), seja pelo cérebro antigo ou pelo cérebro novo. Essa interpretação causa uma reação emocional e/ou física (3), que influencia nosso comportamento (4). Esse último torna-se, ele mesmo, um fato novo, e o ciclo recomeça.

Os exemplos a seguir ajudarão a entender onde pretendo chegar.

Um leitor deste livro (o fato) pode pensar: "Opa! Achei o que estava procurando! Um método fácil e rápido de me tratar". Esse modo de interpretar provoca uma reação de ânimo e entusiasmo, que influencia seu comportamento. Você lê com mais atenção e interesse, procurando colocar imediatamente em prática o que acredita ser útil. Esse comportamento provocará melhora de seu quadro, confirmando sua interpretação. E assim você fica mais animado, o que trará resultados melhores, e assim por diante.

Outro leitor pode pensar: "Xiiii, será que eu vou ter que entender tudo isso para ficar bom? E se eu não conseguir?" Esse modo de interpretar acarreta uma reação de ansiedade, o que influi no seu comportamento, talvez diminuindo sua atenção e sua vontade de mudar. Os resultados são menores (pelo menos inicialmente) e não ocorre a melhora esperada. O fato novo é novamente interpretado, e assim sucessivamente...

Um terceiro leitor pode pensar: "Isso aqui está muito difícil. E se eu não entender? Eu sou tão burro! Eu não vou conseguir..." Essa interpretação conduz a uma resposta emocional de tristeza, que reforça a sua dificuldade para realizar as tarefas. Daí o novo fato confirma sua interpretação original (eu não vou conseguir) tornando-o mais triste e inclinado a abandonar o tratamento.

Como você pode perceber, essas interpretações determinam as reações emocionais. Se conseguirmos modificar essas interpretações, mudaremos também as reações e o próprio comportamento. Esse é o princípio da terapia cognitiva comportamental, que surgiu nos últimos 30 anos. Esta abordagem vem sendo recomendada pela própria Organização Mundial da Saúde para o tratamento de diversos transtornos.

ATENÇÃO AO DIÁLOGO INTERNO

Para que você possa ter acesso ao seu modo peculiar de interpretar as coisas, o melhor caminho é prestar atenção ao seu "diálogo interno". Você viu nos exemplos acima que os leitores falavam consigo mesmo, coisas como "Opa! Achei o que estava procurando..." ou "E se eu não conseguir?" ou ainda "Eu sou tão burro..."

É exatamente monitorando essa conversa que temos conosco mesmo e mudando o "diálogo interno" que se modificam as interpretações!

Uma das características do modo como conversamos conosco é a simplificação das palavras ou frases empregadas no cotidiano. Explico melhor: a linguagem que utilizamos é um filtro poderoso da nossa vivência. Por exemplo, como os esquimós dependem muito de seu meio ambiente, possuem diversas palavras para descrever a neve. Certos habitantes da

Nova Guiné têm nomes específicos para cada uma das 92 espécies de arroz que plantam.

Nós, ocidentais, não usamos a palavra "carro" exclusivamente para designar esse instrumento de transporte. Uma pessoa que diga que tem um carro popular é encarada de modo diferente de outra que declare andar num utilitário de luxo. E no fundo são apenas carros... A palavra usada é carregada de significados, que no caso dos carros podem ser status social, poder econômico e assim por diante.

O princípio é mudar seu "diálogo interno", que está bastante contaminado por crenças nunca questionadas e que em geral acontecem de maneira despercebida, para um diálogo propositalmente racional e isento. Essa estratégia ajuda você a:

1. Mudar o modo como interpreta os acontecimentos e assim alterar suas emoções e comportamentos;
2. Entender o mundo de maneira mais racional e realística;
3. Aumentar seu senso de poder pessoal;
4. Tirar proveito das oportunidades e escolhas que não foram percebidas no passado.

É importante que você compreenda a necessidade de **questionar e mudar o próprio padrão de pensamento**, nossas certezas consumadas. Apesar de nossa firme convicção, aquilo que pensamos não constitui uma Verdade Universal. Cada pessoa vê a realidade de um modo diferente, assume essa visão distorcida como verdadeira e passa a agir conforme essa interpretação sem se dar conta do que está acontecendo.

Por questão de sobrevivência e praticidade, todos nós **selecionamos da realidade** apenas uma parcela de todas as suas facetas. Mas nosso pensamento vai muito além. Tem velocidade, riqueza, sensibilidade e variedade tão grandes que nosso diálogo interno não consegue acompanhar.

Além de selecionarmos aspectos específicos, **simplificamos os fatos**, restringimos ao máximo as possíveis explicações, o que distorce o significado original.

E, para completar, **generalizamos as afirmações**, já que falar de todas as possíveis exceções e condições tornaria a conversa (inclusive interna) muito maçante.

Trocando em miúdos, suponha que alguém pergunte a você onde fica a padaria mais próxima. Imediatamente seu pensamento avaliaria se o desejo é comprar pão, achar um telefone, tomar cerveja, ou sabe lá mais o que. Algumas pessoas podem se dar ao trabalho de perguntar se querem comprar pão ou usar o telefone, já que pode existir um orelhão em outro local.

Dependendo das circunstâncias, talvez pense rapidamente que isso não é da sua conta ou que vai dar muito trabalho perguntar, e a partir daí simplesmente indique a padaria mais próxima. Podem existir alternativas, várias padarias na região, e provavelmente você verá se a pessoa está a pé ou de carro, para apontar a mais próxima pelo caminho mais fácil.

Já imaginou se fosse ficar explicando que para comprar pão, o ideal é o supermercado X, mas se quiser mesmo uma padaria, existem três nas redondezas. E que essa proximidade depende de estar a pé, andar de ônibus ou possuir condução própria. Se esse for o caso, o caminho depende dos sentidos de direção das ruas, de estar ou não chovendo e da facilidade de estacionamento, assim como da habilidade da outra pessoa em manobrar seu carro nas vagas disponíveis. E assim por diante...

De maneira semelhante orientamos nossas ações diariamente. Vamos simplificando, generalizando, excluindo informações, escolhendo palavras, realizando comparações indevidas, julgando apressadamente, colocando necessidades e obrigações sem questionamento. Caímos em muitas armadilhas.

O truque para escapar dessas armadilhas é saber quando e como mudar seus padrões de diálogo interno, sem cair na "ruminação obsessiva" ou no seu extremo oposto, no "pensamento alienado", automático e instintivo. Tudo começa com uma avaliação objetiva de situações, pensamentos e comportamentos.

PARA ASSUMIR ATITUDES PROATIVAS

Pensamentos distorcidos podem ser comparados a óculos com lentes verdes. Seus usuários podem pensar que o mundo inteirinho é verde! E estranhar muito as pessoas que dizem que o mundo é amarelo...

Estando atento ao seu processo de pensamento, você pode determinar o que pensar e agir, o quando pensar e agir, o como pensar e agir. Em vez de não pensar ou pensar mal ou de agir precipitadamente, sem determinação, sem rumo, sem objetivo.

Você pode interromper as reações automáticas, reativas e instintivas do cérebro antigo e usar o cérebro novo, a fim de avaliar os custos e benefícios, as vantagens e desvantagens de suas crenças, de seus pensamentos, de seu comportamento. Em outras palavras, ter uma atuação mais deliberada, ser proativo diante da vida e não reativo a emoções primitivas.

A proposta desse capítulo é capacitá-lo a parar de pensar e agir de maneira automática, aperfeiçoando sua habilidade de discriminar os vários aspectos da realidade, a partir da observação das distorções de interpretações e da modificação dos pensamentos que condicionaram essas interpretações errôneas. No próximo será apresentado outro recurso fantástico, a meditação.

Mudar requer treinamento. Numa primeira fase, almeje mudanças simples, e numa segunda e terceira fases, mudanças mais sutis e duradouras.

Conheça a seguir as distorções de interpretação mais comuns e como fugir ao seu domínio.

LEITURA DA MENTE

Na maioria das vezes que você imagina saber o que se passa dentro da cabeça da pessoa, pode estar certo de que a "leitura da mente" está acontecendo.

Você diz "bom dia" para alguém, essa pessoa não responde, daí você já imagina coisas como: "Ela não gosta mais de mim, fiz algo de errado" ou "Que grosso(a)! Está pensando o quê?".

Saída: Um diálogo interno mais saudável incluiria as hipóteses de que a pessoa está distraída, apressada, com algum problema pessoal etc. etc. etc...

PADRÃO "DEVO/PRECISO"

Esse padrão de pensamento transforma uma escolha pessoal particular numa necessidade universal impessoal. Ele é usualmente encontrado nos diálogos internos (e também externos!) como "eu tenho que..." ou "eu devo...", ou "eu sou obrigado a...", ou ainda "eu preciso...". Poucas situações merecem o emprego desses verbos largamente utilizados por quem está preso ao padrão de pensamento "devo/preciso".

Esse tipo de pensamento é uma lente que vê o mundo em termos de tudo ou nada, branco ou preto, só que o mundo é cinza... Pessoas com esse tipo de filtro costumam também usar avaliações do tipo "certo/errado" e "bom/mau". Na verdade, essas palavras são bastante frequentes em seu vocabulário. Dificilmente alguma coisa é completamente boa ou ruim, certa ou errada. Tudo depende das circunstâncias, do momento, de vários fatores.

Pessoas com esse padrão de pensamento em geral são perfeccionistas, já que ele amplia consideravelmente a importância de deslizes, imperfeições e erros.

As consequências do uso desse padrão são:

- Você tem sua atenção presa aos aspectos desagradáveis da ação;
- Você se sente desconfortável pelos aspectos desagradáveis e antecipa resultados negativos;

▪ Você gasta tempo e energia julgando, culpando e condenando a pessoa ou situação que o obrigou a isso ou aquilo;
▪ Você adquire a sensação de que o mundo é um lugar bastante ruim, já que nada consegue ser suficientemente bom ou positivo.

Como se não bastasse, esse tipo de pensamento compromete a visão serena que devemos ter a respeito de nós mesmos à medida que deslizes são severamente interpretados como erro.

Saída: Para escapar dessa situação é preciso alterar propositalmente seu diálogo interno (e externo), substituindo-o por alternativas mais racionais.

Substitua afirmativas do tipo "devo/preciso" por "acho melhor, prefiro, quero, desejo", ou afirmativas do tipo "deveria" por "é preferível".

Troque afirmativas do tipo "não posso" por "escolho não...", ou afirmativas do tipo "sou obrigado a..." por "é melhor que...".

Outra maneira de fugir desse padrão é recorrendo ao **Questionamento**: tente argumentar com você mesmo provando que devo/preciso é um imperativo e não apenas aceitando como óbvio que seja assim e ponto final.

Questione-se, pensando o seguinte: "Espere um pouco..."

▪ Quem disse que eu devo/preciso?
▪ Por que eu devo/preciso?
▪ Onde está escrito que eu devo/preciso?
▪ Quem é ele(a) para dizer que devo/preciso?
▪ Não devo nada a ninguém. Não devo/preciso coisa nenhuma...

PENSAMENTO RUMINATIVO

"Por que sou assim ou assado?", "Como ele(a) pôde fazer isso comigo?", ou ainda "Como isso foi acontecer?".

Você já se surpreendeu repetindo inúmeras vezes, ruminando durante horas, questões irrelevantes ou para as quais você já possui a resposta, mas não consegue aceitar? Esse tipo de pensamento circular é mais comum em mulheres que em homens e diversos estudos atribuem a essa característica a maior incidência de depressão no sexo feminino.

Essa ruminação é uma variante do padrão "devo/preciso", e em geral o círculo vicioso começa quando a expectativa de que as coisas sejam "tudo ou nada", "branco ou preto", não se concretiza. O cérebro entra em "curto-circuito" porque a pessoa simplesmente não consegue aceitar a realidade que o mundo é cinza, que os fatos dependem das circunstâncias, do momento, da oportunidade. Não consegue ver que as coisas são relativas, e que a crença do "tudo ou nada" (que se traduz pelo diálogo "devo/preciso") é pura fantasia!

- A pergunta "por que sou assim ou assado?" na verdade pode ser traduzida por "eu deveria ser diferente e não posso suportar o jeito que sou";
- A pergunta "como ele(a) pôde fazer isso comigo?" esconde a afirmativa de que "ele(a) não deveria ter feito isso ou aquilo";
- Perguntar "como isso pôde acontecer?" esconde a afirmativa "aquilo não poderia/deveria ter acontecido".

Saída: Para interromper o ciclo ruminativo, comece localizando o padrão "devo/preciso" que não se cumpriu. E depois de identificado, altere com modos mais racionais.

PADRÃO "NUNCA/SEMPRE"

Também conhecido como "supergeneralização", esse tipo de padrão transforma um único acontecimento negativo num estado sem fim de sofrimento e desgraça. É necessário lembrar que um acontecimento negativo é exatamente isso: um evento único e só isso. Tudo passa, nada é eterno.

Saída: A chave aqui é tentar aprender alguma coisa do evento negativo. Pergunte-se: o que houve é de sua única e exclusiva responsabilidade? Se for (e geralmente não é...), o que é necessário mudar para diminuírem as chances de voltar a ocorrer? (Observe: o "diminuir as chances" é muito diferente de "não voltar a ocorrer"). Errar ainda é inerente à condição humana.

RÓTULOS

Quando alguém, de maneira simplista e em geral negativa, rotula a si mesmo, ao próprio comportamento ou a outra pessoa com um "título" como agressivo, bobo, burro, chato, egoísta, feio, frio, infantil, inseguro, irresponsável, passivo, vagaroso.

Esses rótulos, em geral aprendidos na infância, são uma forma comum de supergeneralização. Pais ou outras pessoas podem ter usado tais palavras genéricas para descrever a pessoa ou suas atitudes. Elas foram internalizadas e se tornaram respostas automáticas cada vez que uma falha acontecia. Outro motivo adicional é que poucas pessoas aprenderam a diferenciar suas ações de seu valor pessoal. Uma coisa é seu desempenho, outra completamente diferente é seu valor pessoal.

Saída: Evite rotular as pessoas e não acredite nos rótulos que você carrega.

CATASTROFIZAÇÃO

A realidade é exagerada de uma forma toda especial, por uma lente que vê como única possibilidade um desastre iminente. A pessoa enfoca apenas um aspecto da realidade, o pior possível. Se existe um tipo de pensamento que deve ser mudado nas pessoas ansiosas é esse.

A catastrofização é particularmente associada a sintomas físicos: uma dor de cabeça significa um tumor cerebral, um aperto no peito é um ataque cardíaco, uma pequena mancha na pele sinaliza câncer. A catastrofização também se apoia em diálogos internos do tipo "eu não vou aguentar isso".

Seu principal prejuízo é mandar imediatamente ao cérebro antigo uma mensagem de perigo que na realidade não existe. O resultado são reações de emergência que só fazem piorar, ao mesmo tempo em que paralisam e impedem a resolução de seus problemas.

Saída: A mudança desse tipo de filtro se faz por meio de uma discussão consigo mesmo mais racional e lógica.

PERSONALIZAÇÃO INDEVIDA

Quando se assume a responsabilidade por algum acontecimento sem base concreta. A culpa em geral se origina aí, na personalização indevida. Há uma confusão entre influência e controle. Você até pode exercer influência sobre pessoas ou situações, mas daí a imaginar que tem controle sobre ambas vai uma distância muito grande!

Saída: O diálogo interno "a culpa é (ou foi) minha" deve ser sempre seguido de um questionamento entre influência e controle. Procure manter esse fato presente: você tem o poder de influenciar as coisas, mas nenhum controle total. Portanto, relaxe!

PROFECIA

Quando você faz uma antecipação negativa e se convence a tal ponto que isso vira um fato, a distorção profecia está atuando. Você está confundindo possibilidade com probabilidade. Uma coisa é você ter certeza que vai chover e por isso sair de casa vestindo uma capa de chuva. Outra bem diferente é pensar que pode chover qualquer dia e resolver andar todos os dias com uma capa de chuva...

Saída: Não acredite em adivinhações, confirme aquilo que você acha com a realidade, conversando e coletando dados concretos.

RECURSOS INTELIGENTES

Os diversos padrões de pensamentos distorcidos em geral não resistem a um questionamento mais profundo. As perguntas a seguir podem ajudar a modificar o modo como você vem habitualmente interpretando os fatos do dia a dia.

Sempre que desejar mudar seus pensamentos ou suas interpretações aparentemente "congeladas", pergunte-se:

1. O que prova que é assim mesmo?
2. Há explicações alternativas?
3. O que de pior poderia acontecer? Ao verificar as consequências, procure usar palavras menos dramáticas do que "terrível, catastrófico, horroroso, insuportável". Escolha um termo mais preciso.
4. O que de melhor poderia acontecer?
5. Qual o resultado mais realista? Veja as implicações, as consequências. E quando sentir que são devastadoras, seja rigoroso com as provas de que realmente é assim.
6. Quando aparecerem as seguintes palavras, questione-se:

    Muito/pouco → Quanto? Comparado com o quê?
    Sempre/nunca → Quando? Sob quais circunstâncias?
    Todo mundo/todos/ninguém → Quem exatamente? Sob quais circunstâncias?
    Devo/tenho que → O que aconteceria se você fizesse/não fizesse...
    Posso/não posso → O que impede/não impede você de...
    Tal situação (ou tal pessoa) me deixou assim ou assado → Como exatamente você se deixa ficar assim ou assado com

o que tal situação ou pessoa faz? O que seria necessário acontecer para que "isso" não tivesse causado "aquilo"?

7. O que você diria a um amigo(a) que se encontrasse nessa situação e tivesse esses pensamentos?

Como você pode perceber, acabo de fazer uma simplificação de uma metodologia bastante sofisticada, desenvolvida para tratar desordens emocionais. Eu apenas adaptei as técnicas para uso no dia a dia.

Algumas pessoas sofrem de transtornos emocionais que requerem tratamento especializado. Nesses casos, as medidas expostas aqui podem ser insuficientes se aplicadas de maneira isolada. É recomendado procurar auxílio médico.

Capítulo 6

Meditação para recuperar o equilíbrio

Imagine um copo de água com terra misturada. A água fica turvada pela terra. Como você faria para essa água ficar límpida outra vez? Sacudindo aleatoriamente o copo? Claro que não, isso só tornaria a água ainda mais turva. Uma possível solução seria deixar o líquido em repouso para que a terra fosse assentando no fundo. E assim, naturalmente, você conseguiria "limpar" a água.

O mesmo princípio se aplica às pessoas. Temos pensamentos, emoções, opiniões, julgamentos, conceitos, problemas em tal número que fica muito difícil enxergar o que quer que seja com essa "turvação". Todos esses fatores literalmente turvam a mente, enquanto você não permitir que ela "descanse".

Pensamos dia e noite. Sem parar. Até quando dormimos. Desse modo fica impossível permitir ao cérebro descansar, voltar ao estado de limpidez e clareza. Estamos o tempo todo sacudindo o copo com água e terra e depois reclamamos que a água está turva!

Um dos melhores meios de permitir à mente que descanse e se recupere é a meditação. A cultura oriental desenvolveu diversos métodos, inclusive com finalidade religiosa, o que foge aos objetivos deste livro. A intenção, aqui, é destacar os benefícios da meditação para o equilíbrio e a saúde e ensinar um método fácil e rápido que, se for praticado com constância, progressivamente trará tranquilidade, paz de espírito e clareza para solucionar seus problemas.

Lembra-se dos padrões de pensamentos apresentados no capítulo anterior? A meditação ajuda muito a quebrá-los. Com a prática você vai perceber que a multidão de pensamentos e emoções que pululam na sua mente na verdade se encaixam em categorias mais simples, como pensamentos de desejo, de planos, de lembranças, de raiva, de desilusão, e assim por diante. Além disso, geram sensações corporais, como um peso, um calor, um aperto no peito ou em outra área do corpo.

Durante a prática você aprenderá a reconhecer a categoria do pensamento e a sensação corporal correspondente e a acolher o pensamento e a sensação física sem julgar, sem ficar pensando muito. Com isso, ganhará poder sobre sua mente, suas atitudes, seus hábitos, sua vida. Mas é imprescindível que seja no momento em que acontece, não antes, nem depois.

Ao praticar a meditação, com absoluta certeza, você aproveitará incomparavelmente melhor todas as técnicas e estratégias apresentadas neste livro.

BENEFÍCIOS FÍSICOS E MENTAIS

Desde a década de 1960, cientistas ocidentais têm estudado vários tipos de meditação, em especial a Meditação de Plena Atenção. Diversos trabalhos apontaram de modo contundente vantagens da prática para a saúde. Eis algumas constatações:

- Ocorre uma diminuição nas frequências cardíaca e respiratória;
- O consumo de oxigênio diminui em torno de 20%;
- Há uma queda nos níveis de uma substância química chamada lactato no sangue. O lactato costuma estar aumentado no stress e na fadiga;
- A resistência da pele à corrente elétrica, que é um sinal objetivo de relaxamento, aumenta quatro vezes;
- Há um aumento da atividade alfa no cérebro, um sinal claro e objetivo de que o cérebro entrou em atividade regenerativa.

Pesquisas posteriores revelaram que a meditação pode colaborar no tratamento de vários quadros, como:

- Estados de tensão e/ou ansiedade;
- Desordens psicossomáticas ou doenças com influência emocional (diabetes, hipertensão, psoríase, dentre outras);
- Estados de fadiga crônica;
- Insônias e hipersonias;
- Abuso leve de álcool, tabaco ou maconha;
- Estados leves de autoagressão;
- Depressão leve crônica;
- Irritabilidade, baixa tolerância à frustração;
- Tendência à submissão, baixa assertividade;
- Ansiedade de separação, reação de perda desproporcional;
- Bloqueios na produtividade e na criatividade;
- Contato inadequado com a vida afetiva.

Um exemplo ajudará a elucidar as mudanças que a prática pode produzir. Vamos supor que alguém no trabalho lhe faz uma provocação qualquer. Sem treino de meditação, provavelmente você consumirá horas e horas em raiva, irritação, tentando descobrir algum meio de se vingar.

Mas se tiver treino nessa meditação poderá perceber em frações de segundo que está com um aperto no peito e uma contração nos ombros, que o turbilhão de pensamentos pode ser resumido na palavra “raiva”. Aí você acolhe a sensação corporal e o pensamento da categoria raiva, respira fundo e com isso ganha poder sobre sua mente. Com o tempo e a prática, a sementinha da raiva não encontra terreno propício para crescer e simplesmente morre no nascedouro.

Você interrompe o automatismo da mente ao tomar ciência do que está se passando, sem forçar a barra, tentando bloquear com força o processo, apenas percebendo os pensamentos sem se fixar neles. Assim você permite que eles vão embora como a água de um rio. Sempre que isso acontece você ganha poder sobre sua vida de modo natural, sem luta, sem stress, sem desgaste.

Nossa tendência natural é lutar contra tudo que não gostamos, ir contra tudo aquilo que nos incomoda.

O grande paradoxo é que, se você acolhe, seja lá o que for, sem julgar, sem lutar, aceitando o princípio de que tudo está em movimento (essa é a única certeza que temos), mudanças importantes começam a acontecer.

Em pouco tempo, você descobrirá que, se a dor de certos acontecimentos é inevitável, o sofrimento pode ser interrompido. Basta não ficar ruminando e permitir que o fluxo da vida continue. Basta não se fixar, deixar ir. E os momentos bons, também. Tudo, absolutamente tudo, passa.

Pensamentos, emoções, sensações, percepções, aparecem e desaparecem da sua mente sem deixar rastros. Permita que eles sigam sua natureza fundamental de serem impermanentes.

Para isso é necessário praticar. E praticar. Velhos hábitos são difíceis de dominar, mas não impossíveis de quebrar. Pode ser que eles voltem um milhão de vezes. E você praticará um milhão e uma. Até que esse hábito fique num estado de latência, sem você perceber. Na verdade, ele nunca desaparece, fica adormecido por muito e muito tempo.

Mas tudo isso só será possível se você praticar. Na teoria é tudo muito bonitinho, mas é imprescindível praticar. Pratique! Mesmo que por alguns minutos. Qualquer tempo meditando é melhor que não praticar nenhum tempo. No início, medite durante o tempo em que você se sentir confortável. Conforme progredir na prática, aumente o período. Se conseguir meditar durante 10 a 20 minutos duas vezes ao dia, será uma média excelente.

MÃOS À OBRA

A técnica inicial de meditação consiste em sentar-se com a coluna ereta numa almofada ou cadeira e contar a respiração.

A postura corporal é importante. Se estiver sentado em uma almofada, procure encostar os dois joelhos no chão. Já se estiver numa cadeira, observe que a altura deve ser suficiente para apoiar confortavelmente os dois pés no chão. Não deve ser alta de modo a comprimir os músculos da coxa, deixando os pés no ar (ou quase), nem tão baixa que os joelhos fiquem levantados.

Você também pode sentar-se sobre os joelhos, com as nádegas apoiadas nas solas dos pés. Se preferir esta posição, coloque uma almofada entre os pés para acomodar as nádegas nela. Provavelmente conseguirá permanecer mais tempo na posição.

Idealmente, a posição consagrada à meditação é a de lótus, em que você fica sentado, com o pé esquerdo sobre a coxa direita e o pé direito em cima da coxa esquerda. Esta posição exige um condicionamento físico especial, por isso não é recomendada para principiantes.

De qualquer modo, sente-se com as costas eretas (mas não rígidas demais) e deixe que o peso de sua cabeça fique diretamente apoiado na coluna vertebral. Para isso, levante ligeiramente o queixo. Balance um pouco, de um lado para outro, para frente e para trás e determine o ponto em que a parte superior do torso fica equilibrada sobre os quadris. Feche a boca e respire naturalmente pelo nariz.

Você talvez tenha ouvido ou mesmo aprendido que a respiração abdominal é a ideal, que o ar deve ser "puxado" pela barriga e não pelo tórax. Isso é verdade, mas se você respirar normalmente, com o tempo passará da respiração torácica para a abdominal de modo natural, sem forçar nada.

Respire naturalmente. Não é necessário dirigir o ritmo nem o modo de respirar. Inicialmente faça uma única inspiração mais forte, soltando e expulsando em seguida todo o ar.

A partir daí, respire normalmente, contando 1 na inspiração, 2 na expiração, 3 na inspiração, 4 na expiração e assim por diante até chegar a 10. Então comece a contar novamente partindo do 1. Se ficar distraído e perder ou ultrapassar a contagem, nenhum problema, comece novamente do 1.

Assim que tiver adquirido bastante prática nesse método, passe a contar somente na expiração. Daí você inspira e não conta nada, conta 1 na expiração, na próxima inspiração não conta nada, conta 2 na expiração e assim por diante até chegar a 10 e começar de novo. Algumas tradições meditativas sugerem que você conte não até o 10, mas sim até 21, possivelmente pelo fato de que contar de 1 a 10 já está bastante automatizado entre as pessoas. Pessoalmente gosto muito dessa contagem, e é a que pratico. Em torno de 5 ciclos de contagem de 1 a 21, sempre na expiração, todos os dias, uma a duas vezes ao dia.

POR QUE CONTAR?

A natureza da mente é de tal ordem que ela não vai querer permanecer concentrada na contagem. Inúmeros pensamentos, imagens e preocupações tentarão distraí-lo. Você deverá constatar a existência de todos esses fenômenos, sem se fixar a nenhum. Perceba o pensamento e deixe-o ir embora.

Ninguém é capaz de "esvaziar a mente" e ficar sem pensar. Na verdade, o que se espera é que não nos fixemos em nenhum pensamento, sensação ou emoção.

A contagem deixa menos espaço para o surgimento de pensamentos. Ainda que eles apareçam, você não deve se incomodar com isso. Simplesmente, perceba cada pensamento e volte a sua consciência para as sensações da sua respiração.

De vez em quando, você pode se deparar com um pensamento interessante e desejar parar para refletir a respeito. Diga a você mesmo que fará isso quando terminar a meditação e volte a contar as respirações.

É muito provável que outras sensações chamem sua atenção, como uma coceira no nariz, um formigamento no rosto, uma tensão nos ombros etc., etc., etc.

Sempre que isto acontecer, não tente afastar a sensação. O truque é concentrar sua atenção nela, sem pensar a respeito. Não julgar a sensação como boa ou má, agradável ou desagradável, mas acolher integralmente. A tendência é diminuir naturalmente. Volte então a contar sua respiração.

O mesmo vale para ruídos, cheiros, qualquer informação sensorial. Acolha, não julgue, não fique tagarelando na sua mente. Una-se à sensação integralmente e permita que ela vá embora. A natureza do universo é ir e vir, mudar o tempo todo.

Quanto à dor, se aparecer com muita frequência, verifique se você não está em postura errada e corrija da próxima vez. No momento da dor, concentre-se nela, tente perceber qual seu peso, sua dimensão, se tem cor, temperatura, se é concentrada ou se espalha, enfim, concentre-se na sensação da dor, e não nos pensamentos do tipo "está doendo", ou "acho que é melhor eu me levantar".

Com o passar do tempo, a respiração começa a ficar cada vez mais lenta, o que aumenta o tempo em que passamos sem contar, e os pensamentos e sensações encontram maior oportunidade de se introduzirem. Se isso ocorrer, utilize esse período de tempo em que você está sem respirar para checar algumas partes do corpo, prestar atenção aos ombros, pernas, quadris e braços, enquanto aguarda a nova inspiração.

Uma meditação típica, na fase inicial, pode evoluir mais ou menos assim: Um... dois... três... quatro. Está fácil... um... dois... três... Não estou pensando... Uops, acabo de pensar! E pensei sobre pensar! Vamos lá, um... dois... três... Minhas costas estão doendo. Um... dois... três... quatro... Essa coceira no nariz está insuportável, acho que vou me coçar. Um... dois... Não estou conseguindo parar de pensar! Um... dois... três... quatro.... Que fome! Que tal uma pizza depois de acabar? Assim não dá! Não paro de pensar! Um... dois... três... quatro...

Seja como for, não desista. Pratique!

UMA NOVA ATITUDE

Somos rígidos. Tentamos controlar tudo o tempo todo. Não temos a flexibilidade necessária, o jogo de cintura imprescindível para acompanhar os movimentos da vida. Isso se reflete de modo dramático na meditação.

No dia a dia até que conseguimos nos concentrar em algumas tarefas. Sabe por quanto tempo? No máximo míseros 3 minutos. Não espere que na meditação seja diferente. Como principiante você terá poucos momentos de concentração absoluta. Isso é natural e até esperado.

Na verdade, é imprescindível que você perceba que os pensamentos não são uma interrupção da meditação, mas parte integral dela. Você precisa ter pensamentos para depois abandoná-los. Do contrário, se eles não existissem, você abandonaria o quê?

O relaxamento não é, nem de longe, o principal objetivo da meditação. Embora eventualmente ele possa ocorrer, a intenção é desenvolver outras capacidades. Não há a menor necessidade de relaxar durante a prática.

Sente-se com a seguinte intenção:

"Vou ficar aqui sentado e, seja o que for que aconteça, é exatamente o que deveria estar ocorrendo".

É fundamental compreender que a essência da prática não consiste apenas em focalizar a respiração, excluindo todos os outros pensamentos, mas também na própria tentativa de realizar essa prática.

Lembre-se: aconteça o que acontecer, venha o que vier, é exatamente o que deveria estar acontecendo. Permaneça sentado respirando.

Com o tempo, você aprenderá que não é obrigatório se fixar e pensar em tudo o que aparece na sua mente. Você tem a capacidade de abandonar os pensamentos que não lhe interessam e de selecionar o que considera relevante.

EXPANDINDO A PRÁTICA

Os mesmos princípios de atenção plena e não julgamento podem ser aplicados a outras atividades, como andar, comer ou dirigir um carro. O ideal é que você eleja algumas, não todas, em que permanecerá em atitude meditativa, mantendo plena atenção, sem julgar.

Caminhar, por exemplo, é uma boa atividade para praticar a concentração dirigida.

Caminhe lentamente na rua, no parque, na praça. Observe tudo o que se passa à sua volta, as plantas, os sons, as cores, suas sensações corporais. Não é necessário contar a respiração. Basta perceber atentamente o que se passa e não tentar segurar nada. Deixe que os sons venham e vão. É necessário que isso aconteça para que você possa ouvir outros sons. O mesmo princípio pode ser aplicado às sensações corporais, aos movimentos, às percepções e pensamentos, à visão da paisagem etc.

Permita-se ver o mundo de modo absolutamente novo! Cada passo deixou para trás um mundo que não existe mais, já se transformou. Cada passo chega a um novo mundo que se constrói, cheio de formas, cores, sons, sensações, percepções. Envolva-se nesse novo mundo, perceba com seus sentidos o mundo que se transforma a todo instante, sempre novo e ao mesmo tempo sempre igual. Olhe e sinta o mundo entendendo que cada instante é único e tudo é novidade.

Perceba tudo atentamente, acolha tudo integralmente. Una-se a tudo e finalmente permita que tudo vá embora. Só assim o novo terá espaço para entrar.

Faça dessa caminhada, extraordinariamente simples e agradável, uma prática, digamos, uma ou duas vezes por semana. Se desejar e puder, faça um pouco de meditação sentada e intercale com alguns minutos de meditação caminhando, depois volte para a meditação sentada.

A concentração dirigida também pode ser praticada enquanto você come. Aproveite uma refeição em que esteja sozinho para explorar o movimento do seu braço levando comida à boca, sentir o sabor e a textura do alimento, observar o movimento enquanto ele entra no seu corpo.

Quando estiver dirigindo, em vez de ficar brigando com os outros motoristas, aproveite para praticar, ainda que por poucos minutos. Se você dirige por meia hora todos os dias, determine-se a dirigir em meditação durante 5 ou 10 minutos. Seu dia será de uma qualidade muito maior!

A principal orientação é estar atento a tudo o que acontece. Você não precisa brigar com a vida, mas estar atento a tudo o que se passa na sua. Não permita que o cavalo da parábola tome conta.

Não é preciso lutar com a mente. Ao entender como ela funciona, você descobre que nada é permanente, pare de tentar segurar seja lá o que for, e deixe de brigar consigo e com o mundo o tempo todo.

O grande paradoxo é que não precisamos ir contra nenhum pensamento, sensação, emoção. Ao tomar plena consciência do que se passa, esses impulsores perdem a força, e com isso, no mínimo, você perceberá a situação com mais clareza e terá condições de seguir o seu destino com mais liberdade e equilíbrio.

A meditação vem sendo praticada há séculos no Oriente. Algumas tradições acreditam que, se você entrar em contato com sua natureza essencial, se aprender a não ir contra os acontecimentos, saberá de modo automático as melhores respostas, o que deve fazer, pois tudo está interligado.

Outras tradições supõem que não basta perceber a natureza da inter-relação, de que tudo está ligado, faz parte de uma única realidade.

Pessoalmente acredito que, depois de ter praticado meditação, depois que a água barrenta se assentou e as coisas aparecem com clareza, você pode utilizar estratégias de comportamento dirigindo sua vida, mas numa postura mais relaxada, sabendo que pode influir nos acontecimentos, mas jamais controlar o curso da vida. Experimente aplicar as estratégias propostas nos capítulos 4 e 5 depois de ter meditado e veja como o resultado tende a ser muito mais expressivo.

Capítulo 7

Outros hábitos essenciais

"Primeiro fazemos nossos hábitos, depois nossos hábitos nos fazem." A frase, do poeta e dramaturgo inglês John Dryden (1631-1700), toca em outro ponto fundamental para viver com mais qualidade: o estilo de vida.

Para que a vida exista, é necessário que nosso organismo permaneça dentro de certos limites. Bons exemplos são a pressão arterial, a temperatura do corpo, a quantidade de ar que respiramos e também a quantidade de alimentos que ingerimos.

A habilidade de retornar ao estado de equilíbrio produz uma interação harmoniosa do corpo com o meio ambiente e o funcionamento harmônico de nossas células, órgãos e sistemas. Milhares de vezes ao dia nosso corpo é desequilibrado por diversos fatores, como comida inadequada, falta de sono, sedentarismo, exposição à poluição ambiental ou uso excessivo de medicamentos.

Felizmente, ele consegue voltar ao estado de equilíbrio. Até que sua capacidade global de adaptação é ultrapassada, concorrendo para um estado de desequilíbrio. Então, o ideal é procurar um profissional especializado a fim de receber um tipo de atenção que ofereça ao organismo condições de se reequilibrar novamente.

Esse capítulo reúne orientações para melhorar os hábitos cotidianos e ter mais saúde e disposição. Experimente introduzi-las na sua rotina.

DORMIR BEM É POSSÍVEL

Um número crescente de pessoas se queixa de insônia, noites mal dormidas e sonolência no dia seguinte. Infelizmente, muita gente não percebe que a péssima qualidade do sono em geral decorre de hábitos como exagerar no café, não ter horários fixos para deitar, virar madrugadas no computador, dormir com o celular ligado – e o alarme de mensagem tocando dezenas de vezes – e por aí vai...

Sono perdido tem custo alto. Ao contrário do que se imagina, não se trata de uma atividade passiva, em que o corpo fica sem fazer nada. O sono é um mecanismo ativo do cérebro. Serve justamente para recuperar o corpo e a mente dos desgastes sofridos durante o dia.

Uma criança pequena passa a maior parte de seu tempo dormindo. Já um idoso passa a maior parte de seu tempo acordado. Entre essas duas extremidades, cada ser humano tem uma necessidade específica, que talvez não coincida com as propagadas 8 horas. O melhor meio de saber o número de horas necessárias é verificar o estado geral ao acordar. Você não deve ficar irritado ou cansado logo pela manhã, nem ter sonolência durante o dia.

Alguns hábitos colaboram para melhorar a qualidade do sono. Confira:

- Mantenha um horário regular para dormir. Permita que seu organismo desenvolva um ritmo interno apropriado.
- Use 20 a 30 minutos do seu tempo se preparando para dormir. Fale de coisas agradáveis, ouça música suave, leia um livro monótono (nada que desperte a atenção).
- Procure tomar um banho quente, de chuveiro ou banheira, se possível diminuindo a intensidade da luz. Use um abajur ou uma lanterna.
- Exercícios físicos moderados, especialmente os de alongamento, até 2 horas antes de dormir, podem ajudar.
- Procure usar travesseiro e colchão adequados. Lojas de colchões costumam ter tabelas ilustrativas.

- Quando sentir sono, vá para a cama. Se tentar lutar contra ele, possivelmente você ganhará...
- Se não tiver sono, não fique na cama. Levante-se e vá fazer coisas não excitantes.
- Dormiu mal uma noite? Não fique dormindo até mais tarde. Não permita que seu organismo inverta a noite e o dia.
- Excesso de cafeína tira o sono. Limite-se a quatro cafezinhos, no máximo, por dia e que o último seja antes das 17h.
- Chás de camomila, hortelã e erva cidreira, que possuem propriedades sedativas, são excelentes remédios caseiros. Faça uma infusão: ponha uma colher de sopa da erva para cada xícara de água fervente, tampe e abafe por 3 minutos.
- O suco de maracujá pode auxiliar no controle da insônia, já que a fruta também possui propriedades sedativas.
- Resgate o copo de leite quente antes de deitar. O leite, assim como a soja, são fontes de triptofano, que participa de vários processos bioquímicos, inclusive da produção de serotonina, que ajuda a induzir o sono. E tem o benefício de evocar os tempos de bebê, quando o leitinho antes de dormir trazia a sensação de conforto.
- Se nada disso funcionar, procure tratamento. Existem doenças que podem provocar insônia, e nesse caso é preciso tratar a causa para mudar o resultado. Nem sempre o tratamento utiliza "calmantes" que induzem à dependência. Há opções naturais à base de ervas medicinais e suplementos alimentares (aminoácidos, vitaminas e minerais), além de acupuntura e auriculoterapia. O importante é contar com o auxílio de um profissional capacitado.

EXERCÍCIO FÍSICO NA MEDIDA CERTA

Esporte não é necessariamente saúde. Espantou-se? Na verdade, grande parte dos esportes pode causar lesões. Se não for realizado de modo absolutamente correto, às vezes traz mais males que benefícios. Os ganhos dependem da frequência (que não pode ser eventual) e da aptidão técnica e tendem a ser maiores com o estado de espírito livre de competição e agressividade.

Para iniciantes, recomendo uma atividade fácil, barata e quase sem contraindicações: andar. Procure caminhar 30 minutos por dia, que podem ser divididos em dois períodos de 15 minutos.

Antes de começar, é importante fazer uma avaliação médica, especialmente se você tem estado sedentário por muito tempo.

Outra dica é aprender a controlar o número de batimentos cardíacos durante a caminhada. O princípio é o seguinte: seu coração bate várias vezes por minuto para levar sangue ao organismo. Quanto mais rápido, mais sangue. Mas há um limite para os batimentos cardíacos, acima do qual o volume de sangue não aumenta. É a pulsação limite.

O ideal durante o treino é que você alcance e não ultrapasse o número de batidas cardíacas até 60% do limite máximo, mantendo a atividade física no nível da pulsação. A maioria das pessoas consegue atingir e manter esse total de batimentos sem desprazer. E o melhor: trata-se de um parâmetro individualizado.

O máximo que seu coração vai conseguir bater pode ser calculado com o auxílio de um cardiologista num teste ergométrico, ou então, de maneira aproximada, subtraindo sua idade do número 220.

Assim, se você tem 40 anos, sua pulsação limite é de cerca de 180 (acima disso a máquina cardíaca é ineficiente). Como a meta é 60% desse valor, sua atividade física ideal é aquela em que você alcança e mantém sua frequência cardíaca em 108 batimentos por minuto. Você deve periodicamente tomar seu pulso e conferir esse índice. Se estiver abaixo, aumente a intensidade, se estiver acima, diminua o ritmo.

Não é necessário ficar um minuto inteiro para medir a pulsação. Conte durante 6 segundos e multiplique o resultado por 10 ou conte por 15 segundos e multiplique por 4.

Pode ser que você decida procurar uma academia, o que é uma ótima iniciativa. Quem sabe até se matricular em aulas de dança de salão? O importante é que a atividade seja realizada no mínimo três vezes por semana, mantendo a pulsação no índice ideal. Uma só vez, como jogar bola nos fins de semana, é bastante prejudicial.

Evite, ainda, o sedentarismo, andando a pé sempre que for viável, subindo e descendo escadas em vez de usar o elevador ou escada rolante. São pequenas mudanças que podem trazer grandes resultados.

ALIMENTAÇÃO CORRETA

Seu cérebro antigo também pode "achar" que está diante de uma emergência se você ficar horas em jejum. Ao passar muito tempo sem se alimentar, ele percebe uma alteração na química do sangue e a interpreta como se você estivesse prestes a morrer de fome. Então desencadeia a reação de "luta ou fuga" com o objetivo de garantir energia extra para você se empenhar em procurar alimento.

Como sempre, ele não faz a menor ideia de que você pode comer alguma coisa a qualquer momento. Ele age como se você ainda vivesse naqueles tempos pré-históricos em que a comida podia faltar e o risco de morrer de fome era concreto. Lembre-se, seu cérebro antigo "pensa" e reage sempre da mesma forma primitiva. Por essa razão, você não deve ficar muito tempo de estômago vazio.

Calcule comigo: você janta às 20h, toma só um cafezinho de manhã e só vai almoçar às 12h. É um intervalo de 16 horas, no mínimo, sem se alimentar! Como você espera que será sua manhã? É bem provável que cheia de sobressaltos, decorrentes das reações de "luta ou fuga". Seu cérebro antigo está tentando salvar a sua pele! Já imaginou o prejuízo se isso se repete todo dia, dia após dia?

Não permaneça mais do que 4 horas sem se alimentar. Ficar horas em jejum, além de não emagrecer, ativa a resposta de "luta ou fuga".

Se você fizer pequenas refeições à base de fruta, iogurte desnatado, um pedaço de queijo branco, um biscoito de fibras, ou pelo menos tomar um suco de frutas entre as principais refeições, seu cérebro antigo perceberá que há comida em abundância, que não há necessidade de armazenar calorias extras sob a forma de gordura. Não precisa se preocupar com o risco de engordar.

A segunda exigência é reduzir a quantidade de cafeína ingerida. Não se iluda, ela não é energizante, mas um estimulante direto do stress. Se você não quer manter seu corpo em permanente alerta, beba menos. O limite são quatro cafezinhos diários ou 750 ml de refrigerantes à base de cola ou quatro xícaras de chá mate ou preto.

E a terceira exigência é tomar água em quantidades razoáveis. Seu organismo elimina toxinas pela urina e pelas fezes. Se não houver água suficiente, todo esse processo é comprometido. Você pode tomar água sob a forma de sucos ou chás (sem cafeína). Observe se você está ingerindo em torno de 2 a 3 litros do líquido por dia.

Capítulo 8

Atenção às ciladas

Um samurai muito orgulhoso foi visitar um mestre Zen, e perguntou: "Existe mesmo o céu e o inferno?". O monge indagou: "Quem é você?".

O guerreiro exclamou: "Eu sou um samurai!". E o mestre, caindo na gargalhada, comentou: "Você, um guerreiro? Com essa aparência horrorosa? Com essa roupa ridícula? Com essa cara de bobo?!".

O samurai ficou tão raivoso que desembainhou a espada e avançou sobre o monge. Nesse momento, o mestre gritou: "Acabaram de se abrir os portais do Inferno!".

Ao ouvir essas palavras o guerreiro percebeu o que se passava, embainhou a espada e fez uma profunda reverência. E o monge comentou suavemente: "Acabaram de se abrir os portais do Paraíso".

Se você, caro leitor, costuma agir lá pelas tantas como um furioso Godzilla, talvez compense pensar duas vezes antes de destruir o cenário.

Esse capítulo aponta alguns comportamentos autodestrutivos que podem sabotar seus planos de mudança. É importante ficar atento à presença deles para que não venham a tomar conta da situação. E no final traz uma espécie de bônus: uma tática à prova de crises e armadilhas, capaz de reverter as piores situações.

EXPLOSÕES DE RAIVA

Talvez pareça um contrassenso tocar nesse ponto. Afinal, no Brasil, ninguém é raivoso. É politicamente incorreto assumir essa característica. Por essas bandas, utilizam-se eufemismos. O sujeito é chamado de "nervoso", "irritado" ou "explosivo". Pois bem, se você é "irritado" ou "explosivo", considere admitir para si mesmo que é uma pessoa irada, raivosa.

Segundo alguns estudos, indivíduos raivosos têm quatro a cinco vezes mais chances de desenvolver doenças do coração que os menos irados. Na década de 1950, médicos e advogados americanos foram analisados por meio de questionários específicos para raiva. Entre os que tinham pontuação baixa para agressividade, 2% dos médicos e 4% dos advogados haviam falecido antes dos 50 anos de idade. Já entre os de pontuação elevada, 14% dos médicos e 20% dos advogados estavam mortos antes de completar 50 anos de idade.

Outras pesquisas observaram maior mortalidade entre voluntários que desconfiavam das pessoas em geral ou que sentiam e expressavam raiva de maneira frequente. Certas características de personalidade, como tendência a evitar pessoas ou preocupação ansiosa, não foram relacionadas à morte precoce.

No meio científico, portanto, é bastante aceito o princípio de que a raiva mata. A agressividade não é o único fator emocional que leva a doenças, mas com certeza ocupa lugar de destaque.

Durante muito tempo se discutiu se o melhor seria expressar a raiva e sentir alívio ou arrumar um jeito de dar fim à ira, sem expressá-la. Essa última alternativa tem se mostrado francamente superior. Em poucas palavras, se você deseja viver mais e melhor, convém aprender a aprimorar sua tolerância, a aumentar o "pavio curto", a diminuir o cinismo, a hostilidade, a agressividade.

Pessoas que controlam a raiva podem sentir maior desconforto subjetivo do que as que a expressam, mas não têm tantas mudanças objetivas no organismo.

Nos episódios de manifestação de agressividade explícita, a pressão arterial sobe, o pulso aumenta, o cortisol chega a ser secretado até 20 vezes mais que o normal e parece haver um aumento considerável na produção de radicais livres.

A pessoa irada, em geral, age como se fosse "possuída" por uma força difícil de controlar. Ao que parece, é um tipo de reação exagerada de nosso cérebro antigo. Os níveis de uma das substâncias que levam informações entre as células nervosas, a serotonina, estão incrivelmente baixos na área cerebral responsável pelo nosso equilíbrio e segurança.

Saída: Há modos de reduzir essa hostilidade. Por exemplo, aumentando os níveis de serotonina cerebral, seja utilizando medicamentos ou com auxílio da acupuntura. Outra maneira é modificar o comportamento. Vários programas de suporte médico comportamental têm obtido ótimos resultados com medidas simples. Um excelente primeiro passo é não aceitar a agressividade como inerente à sua personalidade: admita que você tem inclinação a ser hostil e que está tentando reduzi-la.

Também é interessante ir contra a tendência natural dos raivosos de se isolar. Pelo contrário, amplie seus contatos sociais. Um programa de exercícios físicos também ajuda muito. Vale a pena o esforço para aumentar progressivamente o "pavio curto", por exemplo, distraindo-se quando sentir a raiva chegar, praticando o velho e eficiente "contar até dez antes de agir".

Exercitar a inteligência emocional é mais uma alternativa eficaz, sobretudo praticar a arte de se colocar no lugar do outro antes de julgar sumariamente, ou seja, desenvolvendo a empatia de maneira gradual, consciente e progressiva.

Nesse ponto, ciência e religiões concordam: não faça aos outros o que você não gostaria que fizessem a você. Escapar de um hábito arraigado pode ser mais fácil do que parece.

Em último caso, finja que cada dia é o último de sua existência na terra. Você descobrirá que só ficará irado com coisas muito importantes, e que, na verdade, nada é tão importante assim.

MEDO DO SUCESSO

Há pessoas que parecem predestinadas a uma vida de "quases". Está chegando lá, mas na última hora uma conspiração de fatos impede o êxito. Muitas dessas pessoas, na verdade, manifestam um tipo específico de dificuldade emocional chamada "medo do sucesso".

Quem sofre desse medo, ao contrário do que se supõe, não é sempre autodestrutivo, não fica gerando fatos óbvios que assegurem o fracasso. É comum uma postura de ambivalência, a vontade de vencer convive lado a lado com atitudes que levam ao fracasso. É como se essas pessoas quisessem ser boas, mas não tão boas assim...

De modo característico, os fóbicos pelo sucesso batalham duramente para alcançar o êxito, mas ao chegarem perto da "reta final" sabotam o próprio desempenho de modo a comprometer inexoravelmente os resultados favoráveis de seus esforços.

O mais triste é que dificilmente se dão conta do que se passa, atribuindo a acontecimentos externos o que provocaram de modo despercebido. Eles não percebem que estão sabotando toda e qualquer chance de serem bem sucedidos. Paradoxalmente essas pessoas trabalharão duro ao perceberem que a derrota se aproxima, mesmo que já tenham comprometido qualquer chance de vitória.

É o caso típico de quem faz uma dieta rigorosa, consegue eliminar todos os quilos indesejados, e, quando finalmente entra na calça que antes estava apertada, é misteriosamente acometido de um desejo irresistível de se entupir de doces. Ou daquele empresário que consegue subir na vida a muito custo, para finalmente se associar a uma pessoa visivelmente destrutiva, que acabará por levá-lo à falência.

O medo do sucesso se distribui igualmente entre homens e mulheres e já foi registrado em crianças. A origem parece estar ligada a experiências da infância. Durante a fase de desenvolvimento, dois fenômenos parecem estar comprometidos nos fóbicos pelo sucesso: o desenvolvimento da independência plena e a capacidade de domínio, de fazer valer suas necessidades em situações de conflito ou competição.

Pesquisadores observaram o comportamento de pais ao tentar ajudar seus filhos numa tarefa que consistia em formar palavras menores a partir de uma longa. Os pais temerosos do sucesso interferiam mais nas ações das crianças que os outros pais. Sua postura demonstrava que não confiavam nas capacidades do filho de resolver seus problemas. A cada vez que a criança parava para pensar e redistribuir as palavras "escondidas", os pais com fobia ao sucesso interferiam, indicando que possuíam pensamentos mais ricos, úteis ou importantes que as crianças.

Convém ressaltar que essa não era a intenção dos pais. Muitos pretendiam auxiliar sinceramente seus filhos. Mas a ansiedade falava mais alto, levando à intromissão, que acabava por inibir o desenvolvimento de seus filhos. A criança, por sua vez, percebe que a tarefa é importante, mas que é perigoso tentar resolver por seus próprios meios. Esse tipo de comportamento acaba se solidificando e o resultado é um adulto que a cada situação em que sua independência e capacidade de afirmação são postas à prova, de algum modo sabota suas chances de vencer.

Fica formado um círculo vicioso em que a pessoa deseja o sucesso, mas, como aprendeu que as tarefas importantes são perigosas e que depende sempre da ajuda alheia para ser bem sucedida, sem perceber acaba criando situações que impeçam sua vitória. É estranho às suas experiências vencer plenamente com seus próprios recursos. E, para piorar, muitas vezes procuram auxílio com aconselhadores não profissionais, às vezes com influência mística deturpada ou doentia, que exploram sentimentos de culpa capazes de piorar muito as chances já limitadas de sucesso.

Além disso, quem tem medo do sucesso é inibido por elogios. Quem não teme o sucesso melhora seu desempenho ao receber congratulações e piora após avaliação negativa. Já os fóbicos por sucesso têm seus resultados comprometidos quando recebem elogios e melhoram sua performance mediante avaliação negativa ou neutra.

Saída: Se você tem grande dificuldade para receber elogios – na verdade eles até prejudicam seu modo de agir – e viu muitas vezes o sucesso bater asas, talvez seja uma das vítimas da fobia ao sucesso. Felizmente existem tratamentos eficazes, desde que o problema seja identificado e abordado corretamente. Para isso, você precisa ser acompanhado por um profissional competente.

DEIXAR PARA AMANHÃ

Procrastinar. Apesar de o termo ser tão pouco usado, a prática descrita por ele é comuníssima em nosso meio. Para algumas pessoas, inclusive, nunca fazer hoje o que pode ser deixado para amanhã parece ser uma filosofia de vida.

É claro que em certos momentos, parar para pensar, adiar as decisões, pode ser benéfico. O problema surge quando adiar o máximo possível, deixar tudo para a última hora, vira um hábito.

Para essas pessoas, ficar no limbo que antecede grande parte das atividades pode ser desesperador. Daí tentam escapar do desconforto adiando o máximo que conseguem.

Ansiosos por natureza acabam por gerar uma descarga extra de adrenalina, deixando suas tarefas para a última hora ou encontrando mil e uma atividades antes de começar de fato a resolver suas questões.

Algumas pessoas adiam suas obrigações em certos momentos de suas vidas, enquanto outros parecem ter como característica pessoal permanecer num estado permanente de procrastinação.

O adiamento de tarefas é comum a cerca de 50% dos universitários, que preferem estudar na véspera dos exames a se preparar com antecedência. Constitui um problema significante para um em cada quatro adultos.

Em geral, a procrastinação atinge seu ápice na fase de adulto jovem, declina levemente até os 55 ou 60 anos e depois aumenta abruptamente. A distribuição é democrática entre homens e mulheres. A prática parece não ter nenhuma ligação com a inteligência e está relacionada ao envelhecimento precoce.

A notícia ruim é que longe de ser um hábito humorístico e inocente, procrastinar pode ser a ponta de um iceberg de diversos transtornos emocionais. Por exemplo, numa pesquisa com população adulta, ficou demonstrado que os procrastinadores crônicos tendiam também a ter problemas com álcool ou abuso de outras substâncias.

Vários estudos concluíram que adiadores inveterados com frequência exibem altos níveis de sintomas físicos relacionados à ansiedade, como dores de cabeça ou musculares, suores frios ou falta de ar. E também que pessoas depressivas parecem ter maior dificuldade em completar seus trabalhos. Procrastinadores habituais em geral passam mais tempo se autodenegrindo: enxergam-se com menor desenvoltura pessoal e confiam pouco nas suas habilidades para enfrentar as demandas cotidianas.

Saída: A solução para grande parte dos procrastinadores parece ser uma tríade que envolve administração das tensões emocionais, mudança nas crenças negativistas e procedimentos diretos de modificação de comportamento.

Um truque pode ser mudar a própria visão de uma pessoa superocupada para a de um carro velho movido a álcool que demora a pegar. Mas mudar apenas o modo de se encarar pode levar a uma baixa de autoestima desnecessária e contraproducente.

O segundo passo pode ser aumentar progressivamente a tolerância ao desconforto que o início das atividades traz. Exercícios de relaxamento e estratégias de gerenciamento da tensão podem ser particularmente eficazes. Às vezes é ainda necessário mudar crenças arraigadas, como o perfeccionismo ou a antecipação habitual de resultados negativos, ou em bom português, o pessimismo profissional.

Talvez o mais importante seja reconhecer que a procrastinação não é simples resultado de falta de treinamento em técnicas de administração de tempo – muitas empresas e pessoas já descobriram isso a um custo considerável. O adiamento crônico e duradouro é um transtorno que pode e deve ser tratado.

Mas tenha cuidado especial ao procurar essa ajuda. O mal dos procrastinadores, como não poderia deixar de ser, é adiar, adiar e buscar auxílio somente quando seus sintomas se tornam tão severos a ponto de já terem comprometido sua vida pessoal e profissional.

EXPECTATIVAS ALTAS DEMAIS

Sempre achei divertido olhar a previsão do tempo: "Hoje fará tempo bom com muito sol etc. e tal". Muito bem, pergunto: tempo bom para quem? O que é tempo bom para um não é necessariamente bom para outro. E com frequência não é mesmo! Ou você duvida de que tempo bom não é uma baita chuva no Nordeste...

Proponho uma experiência ao leitor: por uma semana tente ouvir as pessoas exporem suas opiniões e necessidades sem emitir qualquer tipo de juízo, sem dar nenhum palpite, sem fazer "leitura da mente", sem tentar achar que aquilo está "certo" ou "errado". Apenas ouça e procure aceitar incondicionalmente (mesmo sem entender ou concordar) o que se passa aos olhos da outra pessoa, o que inclui expectativas, experiências na vida, traços de personalidade e tudo aquilo que nos dá certo formato.

Após algum tempo você provavelmente começará a diminuir o volume de julgamentos. Vai perceber que o que é prioritário ou mesmo vital para a sua pessoa pode ser banal ou irrisório para as demais.

E agora? Quem está certo e quem está errado? Se acreditar que seu sistema de valores, suas necessidades e prioridades são exatamente iguais aos de outras pessoas, com certeza você ficará frustrado. Na verdade, sempre que nos sentimos desconfortáveis com alguém, o mais provável é que essas diferenças sejam marcantes.

A situação começa a se complicar quando se acredita que o universo foi construído para satisfazer nossas necessidades. Essa é uma das crenças mais arraigadas. Como essas necessidades são diferentes entres as pessoas, e com frequência conflitantes, o universo não terá como atender suas exigências; já que se isso fosse possível, alguém com interesses contrários ao seu sairia prejudicado. A frustração é, portanto, inevitável.

Todos nós, em maior ou menor grau, lá no fundo de nossas crenças, guardamos a pretensa arma de que "ou a vida faz o que eu quero, ou então..."

Para algumas pessoas, esse "ou então" pode significar dar cabo da própria vida. "Para viver assim é melhor morrer" é um modo disfarçado de se pensar "ou a vida faz o que eu exijo ou dou fim a ela".

Para outras pessoas, felizmente, a ameaça do "ou então..." pode significar aplicar mais esforço com oportunidade de momento e com a energia necessária, tolerando as quedas, aprendendo a respeito de si, das pessoas e da vida a cada passo. Se nossa felicidade pessoal depender exclusivamente da satisfação de nossas exigências e necessidades – entenda-se, da ausência de frustrações – estaremos em maus lençóis.

Saída: Colocar metas e objetivos para a vida, mas apreciando cada passo da viagem. Escolher viver cada dificuldade, por pior que possa parecer naquele momento, não como mais uma frustração aborrecida que não leva a nada, mas como uma escola de aperfeiçoamento. Afinal de contas, talvez a justiça do mundo esteja justamente no fato de que essa escolha entre sofrimento ou aprendizado só depende do esforço correto de cada um.

RUÍDOS NA TOMADA DE DECISÃO

Estudos verificaram que, se uma mesma cobertura da imprensa for apresentada a dois grupos rivais, cada um tende a acreditar que a reportagem favoreceu mais o seu opositor.

Em outra pesquisa, foram formados dois grupos de estudantes, um a favor da pena de morte e o outro, contrário. Em cada grupo, para metade dos estudantes, foram oferecidos dois trabalhos fictícios, um a favor da pena de morte com argumentação baseada em dados estatísticos bastante falhos e o outro contra a pena capital com uma metodologia científica bastante superior. A outra metade de cada grupo recebeu exatamente o contrário, um estudo contra a pena de morte com método científico falho e um trabalho favorável com metodologia mais rigorosa e completa.

Para encurtar a história, no final observou-se que a qualidade do método científico utilizado foi o que menos influenciou as opiniões dos estudantes. Cada grupo avaliava os trabalhos científicos segundo suas concepções anteriores, sem levar em conta a qualidade dos dados científicos.

Todos nós, na maior parte do tempo, fazemos julgamentos e emitimos opiniões sem possuir domínio teórico a respeito do assunto. Externamos nossas preferências e aversões baseados nos nossos interesses políticos e econômicos, na nossa história de vida e nos nossos preconceitos. Esses fatores atuam de modo consciente ou inconsciente na tomada de decisão. Nem seria possível de outro modo com o volume de conhecimentos disponível e diante da complexidade desse nosso mundinho.

O problema começa a surgir quando nossa decisão envolve consequências mais sérias. Um dos tipos básicos de desvirtuamento na interpretação dos fatos é a pura e simples fraude, que ocorre de modo consciente e intencional, motivada pelas mais diferentes razões pessoais, políticas ou econômicas.

Outro tipo é a "advocacia", o uso de um filtro seletivo para as ideias que estão de acordo com nossas crenças e valores. Esse fenômeno, segundo os pesquisadores, pode ocorrer de maneira "fria", nos momentos em que defendemos este ou aquele aspecto da realidade, com a firme intenção de chegarmos à verdade de maneira isenta, mas sem perceber que, de modo inconsciente, estamos selecionando aquilo que está de acordo com nosso modo de pensar.

A outra "advocacia" é chamada de "quente" nos momentos em que desejamos firmemente que um determinado resultado ou conclusão apareçam, e isso contamina nosso julgamento.

Existem outros tipos de desvirtuamento, mas paro por aqui para economizar tempo do leitor. O importante é notar que o processo de decisão envolve análise dos fatos, e esta, por sua vez, pode esconder armadilhas.

Saída: Para contornar as dificuldades na interpretação dos fatos, uma alternativa promissora é participar de grupos, desde que neles predomine um ambiente de interdependência, em vez de competição.

ANTAGONISMOS ENTRE MEMBROS DE GRUPOS

Não importa se você está em um grupo de trabalho, na sua comunidade ou em casa com seus familiares, cedo ou tarde ocorrerão conflitos de interesse, divergências de opinião, incompatibilidade pessoal. Nesses momentos vale lembrar que grupos funcionam de modo diferente que a simples soma de seus membros.

Cada pessoa tem como certo que seu ponto de vista é o correto. Sente na pele que ocorrerá uma catástrofe se a sua opinião não for seguida. Luta pela sua posição e o resultado é muitas vezes um conflito pouco produtivo.

Se a energia desse confronto for utilizada de maneira adequada, poderá haver enriquecimento de todos os envolvidos e o aparecimento de boas soluções. A questão central está, portanto, em saber aproveitar de modo positivo essa energia.

Uma constante nos grupos realmente produtivos e criativos é que seus membros sentemse unidos por uma causa comum, um senso de missão, valores aceitos por todos os membros, que estão acima dos valores pessoais e são lembrados nos momentos de conflito.

Não é fácil abdicar de nossas certezas, das firmes convicções, de crenças enraizadas. A sensação de perda imaginada (como o medo da queda do prestígio) ou concreta (como o temor de um prejuízo pessoal) em geral é tão forte que impede que se pense com clareza, o que acaba por minar qualquer tentativa de solução criativa.

Talvez uma lenda ilustre melhor os princípios que enunciei: conta-se que um homem teve uma conversa com Deus a respeito do Céu e do Inferno. "Eu vou lhe mostrar o Inferno", disse Deus, conduzindo o homem a uma sala onde havia uma grande mesa redonda e várias pessoas sentadas à sua volta, todas famintas e desesperadas.

No meio da mesa havia um caldeirão de ensopado com um aroma delicioso, mais que suficiente para alimentar a todos. As pessoas seguravam talheres com cabos muito longos, na verdade maior que o braço de qualquer uma delas. Era possível alcançar o caldeirão com o talher, mas ninguém conseguia levar a comida até a boca. O homem viu que o sofrimento ali era realmente terrível.

"Agora vou lhe mostrar o Céu" disse Deus, e eles foram para outra sala, exatamente igual à primeira. Lá havia a mesma mesa redonda e o enorme caldeirão do delicioso ensopado. As pessoas, como na outra sala, tinham também os mesmos talheres longos, maiores que seus braços. Mas aqui elas estavam bem alimentadas, satisfeitas, rindo e conversando.

A princípio, o homem não compreendeu. "É simples, mas requer certa habilidade", disse-lhe Deus. "Como pode ver, essas pessoas aprenderam a alimentar umas às outras".

Pesquisas comprovaram o que diz a lenda. Crianças divididas em dois grupos foram colocadas propositalmente numa situação que gerou antagonismo, conflitos e competição, dando origem a agressões frequentes. Essa hostilidade diminuiu bastante quando os grupos foram expostos a um desafio em que a cooperação era a única saída. Por exemplo, a tarefa de montar barracas num acampamento só seria concluída com êxito se houvesse união e cooperação entre as crianças.

O fato científico comprovado é que armazenar em seus passados soluções geradas pelo grupo enriquece muito as pessoas. Mesmo que para isso cada um tenha que abdicar de sua individualidade, esse predicado tão exaltado em nosso tempo.

Disse um poeta que, se você deseja conhecer o universo, comece observando o jardim de sua própria casa. Grupos familiares, sociais, de negócios ou lazer oferecem excelente oportunidade para desenvolver capacidades extraordinárias de inteligência emocional. Se o aprendizado da cooperação não é qualidade de vida, então a palavra "qualidade" começa a perder sentido e "vida" pode se tornar algo muito incômodo.

Saída: Usar a imaginação e a firme determinação para transformar ambientes de competição em locais de interdependência e colaboração. Esclarecer de modo cabal qual é essa missão do grupo. Tornar explícito, sem medo da obviedade, o motivo pelo qual as pessoas estão reunidas, em geral colabora muito para que os membros venham a superar os interesses pessoais em nome do bem-estar coletivo.

O papel do verdadeiro líder – que pode ser pai ou mãe dentro de uma família, um executivo numa empresa, um político ou ainda um chefe de uma organização social – é crucial para bons resultados. Por esses princípios, o verdadeiro líder não é aquele que manda, dá ordens, mas aquele que mantém vivo o motivo pelo qual o grupo existe e, com seu carisma e senso de oportunidade, tem o talento de transformar os conflitos em motivação para a solidariedade de seus membros.

MÃE DAS SOLUÇÕES

Proponho o seguinte desafio: eu lhe forneço uma caixa de velas, uma caixa de fósforos e uma caixa de tachinhas. Sua missão será fixar uma vela acesa numa parede de cortiça sem permitir que a vela encoste na parede e sem derramar gotas no chão.

Dois grupos tiveram de resolver esse desafio. Enquanto um grupo só pensou na tarefa até matar a charada, o outro teve a oportunidade de assistir a filmes de comédia do tipo O Gordo e o Magro por 30 a 60 minutos antes de procurar a solução. Esse grupo, que ficou "perdendo tempo" com as comédias, saiu-se muito melhor.

Rir ainda é um excelente remédio. O simples fato de utilizar os músculos da face para sorrir envia ao cérebro um sinal para liberar hormônios benéficos. Rir ativa o coração, relaxa a musculatura, estimula a oxigenação, facilita a digestão e diminui a dor, possivelmente por conta da liberação de endorfinas, nosso analgésico natural.

O humor bom é aquele que consegue ver o absurdo das situações triviais e se diverte com isso. Nem todos conseguem alcançar esse nível de qualidade de vida, mas rir de comédias, piadas, caricaturas, filmes e desenhos animados, é um ótimo começo.

Algumas pessoas usam o riso para expressar hostilidade, ironia ou raiva, em geral levando alguma vítima ao ridículo. Outros riem para esconder medos e ansiedade. Esse tipo de humor não é adequado do ponto de vista biológico. Pode-se até sentir certa sensação de alívio, mas a emoção que predomina na resposta do organismo não costuma levar a um estado de saúde.

É difícil conviver com quem não tem facilidade para rir da vida. Essas pessoas veem o mundo como uma luta mortalmente séria, dividindo tudo e todos em categorias absolutas do tipo "bom" ou "ruim", enxergam o mundo colorido em preto e branco. Em geral, não conseguem perceber que erros são excelentes oportunidades para aprendizado. Tendem a manter expectativas muito altas e impossíveis de serem alcançadas na íntegra, o que as leva a evitar compromissos que acham difíceis.

Já os bem-humorados conseguem observar o lado curioso, exótico ou inesperado das circunstâncias e dar boas risadas das peças que a vida nos prega. Há os que preferem analisar as situações sociais, muitas vezes satirizando os políticos e aumentando a nossa percepção da realidade social. Alguns preferem o humor intelectual, brincando com a tirania da lógica. Vários preferem rir do sexo e, quando isso é feito em ambiente propício, cria a oportunidade de relaxar sobre um tópico que é fonte de muita ansiedade. Outros preferem o macabro, desgraças em geral, e com esse humor negro podem ajudar a relaxar em situações consideradas estressantes.

Pesquisas indicam que homens preferem o humor agressivo e sexual, enquanto mulheres preferem o humor intelectual e defensivo. Pessoas introvertidas também são propensas a escolher o humor intelectual, defensivo e social, enquanto os extrovertidos se inclinam ao humor sexual e agressivo.

Os bem-humorados tendem a procurar ativamente o lado engraçado da vida, ou, ao menos, deixam-se levar quando as situações inusitadas aparecem. Mas no geral todos conseguem achar soluções mais criativas e menos desgastantes para os problemas da vida.

Como o grupo, citado no começo desse bloco, que após boas risadas encontrou facilmente a solução ao desafio. A propósito, experimente esvaziar a caixa de fósforos, fixar a vela na base da caixa, prender com uma das tachinhas a caixa com a vela na parede e acender. Bingo!

Conclusão

"É mais fácil descer um morro do que subi-lo, mas a melhor vista é do seu alto", segundo o escritor inglês Arnold Bennett (1867-1931).

Mudar hábitos, pensamentos, crenças e comportamentos, nem sempre é fácil. Nosso cérebro tende a evitar novidades, preferir o que vem se repetindo indefinidamente, apostar no que deu certo no passado. A essa tendência damos o nome de "zona de conforto". Você terá que sair dessa zona de conforto se almeja produzir mudanças na sua vida.

É possível – e até mesmo provável – que lá pelas tantas você cometa deslizes, que retorne aos velhos hábitos, à sua zona de conforto, sem perceber.

Nenhum problema! Aceite o deslize e volte à firme resolução de mudar. O mérito não está em não cair nunca, mas em levantar quando cair!

Pense nos motivos que levaram à escorregadela. Em geral, elas são atribuídas a algum tipo de autossabotagem, que produz um desnecessário sentimento de culpa.

Talvez haja algum motivo psicológico. No entanto, o mais provável é que seu cérebro ainda não tenha modificado suas conexões, sua estrutura química, o que demora algum tempo.

Persista, determine-se a continuar sua jornada em direção a uma vida longa, plena de saúde e vitalidade! Você verá que o esforço vale a pena!

Referências Bibliográficas

1. Aguirre, A A. Conservation medicine ecological health in practice. Oxford New York: Oxford University Press, 2002.
2. Andreasen, Nancy C. Brave new brain: conquering mental illness in the era of the genome. Oxford New York: Oxford University Press, 2004.
3. Arnetz, Bengt B., and Rolf Ekman. Stress in health and disease. Weinheim: Wiley-VCH, 2006.
4. Brain facts: a primer on the brain and nervous system. Washington, D.C: Society for Neuroscience, 2002.
5. Daruna, Jorge H. Introduction to psychoneuroimmunology. Oxford: Academic, 2012.
6. Davis, Martha, Elizabeth R. Eshelman, and Matthew McKay. The relaxation & stress reduction workbook. Oakland, CA: New Harbinger Publications, 2008.
7. Fitzgerald, Miriam. Pictures of the mind: what the new neuroscience tells us about who we are. Upper Saddle River, N.J: FT Press, 2010.
8. Goldberg, Elkhonon. The executive brain: frontal lobes and the civilized mind. Oxford New York: Oxford University Press, 2002.
9. Goldstein, Jay A. Betrayal by the brain: the neurologic basis of chronic fatigue syndrome, fibromyalgia syndrome, and related neural network disorders. New York: Haworth Medical Press, 1996.
10. Goldstein, Jay A. Tuning the brain: principles and practice of neurosomatic medicine. New York: Haworth Press, 2004.

11. Greenberg, Jerrold S. Comprehensive stress management. New York: McGraw-Hill Higher Education, 2011.
12. Harrington, Rick. Stress, health & well-being: thriving in the 21st century. Belmont, CA: Wadsworth Cengage Learning, 2013.
13. Joshi, Vinay V. Stress: from burnout to balance. New Delhi Thousand Oaks, Calif: Response Books, 2005.
14. Kahn, Ada P. The encyclopedia of stress and stress-related diseases. New York, NY: Facts on File, 2006.
15. Lambert, Kelly, and Craig H. Kinsley. Clinical neuroscience: psychopathology and the brain. New York: Oxford University Press, 2011.
16. Lambert, Kelly, and Craig H. Kinsley. Clinical neuroscience: psychopathology and the brain. New York: Oxford University Press, 2011.
17. Lehrer, Paul M., Robert L. Woolfolk, and Wesley E. Sime. Principles and practice of stress management. New York: Guilford Press, 2007.
18. Lyubomirsky, Sonja. The how of happiness: a new approach to getting the life you want. New York: Penguin Books, 2008.
19. McEwen, Bruce S., and Elizabeth N. Lasley. The end of stress as we know it. Washington, D.C: Joseph Henry Press, 2002.
20. Packer, Lester. Micronutrients and brain health. Boca Raton: CRC Press, 2010.
21. Palladino, Lucy J. Find your focus zone. London: Simon & Schuster, 2008.
22. Palmer, Stephen, and Cary L. Cooper. How to deal with stress. London Philadelphia: Kogan Page Ltd, 2010.
23. Panksepp, Jaak, and Lucy Biven. The archaeology of mind: neuroevolutionary origins of human emotions. New York: W. W Norton, 2012.
24. Pinel, John P. Biopsychology. Boston: Allyn & Bacon, 2011.
25. Pischinger, Alfred, and Hartmut Heine. The extracellular matrix and ground regulation: basis for a holistic

biological medicine. Berkeley, CA: North Atlantic Books, 2007.

26. Pizzorno, Joseph E., Michael T. Murray, and Herb Bey. The clinician's handbook of natural medicine. St. Louis, Mo: Churchill Livingstone, 2008.
27. Previc, Fred H. The dopaminergic mind in human evolution and history. Cambridge, UK New York: Cambridge University Press, 2009.
28. Reckeweg. Materia medica = Homoeopathia antihomotoxica. Baden-Baden: Aurelia, 2002.
29. Reeve, Johnmarshall. Understanding motivation and emotion. Hoboken, NJ: John Wiley & Sons, 2009.
30. Sapolsky, Robert M. Why zebras don't get ulcers / Robert M. Sapolsky. New York: Times Books, 2004.
31. Schmid, Franz. Medicina antihomotoxica. Baden-Baden: Aurelia-Verl, 1997.
32. Shakambet, D. A. British homoeopathic formulary: compendium of homoepathic medicines with detailed description of functions, indications, and dosage: bhf 07/08. London: Biomedic, 2007.
33. Smit, Alta. Introduction to bioregulatory medicine. Stuttgart New York: Thieme, 2009.
34. Smith, Edward E., and Stephen M. Kosslyn. Cognitive psychology: mind and brain. Upper Saddle River, N.J: Pearson/Prentice Hall, 2007.
35. Stahl, Bob, and Elisha Goldstein. A mindfulness-based stress reduction workbook. Oakland, CA: New Harbinger Publications, 2010.
36. Sternberg, Esther. The balance within: the science connecting health and emotions. New York: W.H. Freeman, 2001.
37. Walz, Wolfgang. The neuronal environment brain homeostasis in health and disease. Totowa, N.J: Humana Press, 2002.
38. Wexler, Bruce E. Brain and culture: neurobiology, ideology, and social change. Cambridge, Mass: MIT Press, 2006.

39. Wilber, Ken. Integral life practice: a 21st century blueprint for physical health, emotional balance, mental clarity, and spiritual awakening. Boston: Integral Books, 2008.
40. Wilber, Ken. Integral psychology: consciousness, spirit, psychology, therapy. Boston: Shambhala, 2000.
41. Shrand, Joseph, and Leigh Devine. Manage your stress: overcoming stress in the modern world. New York: St. Martin's Griffin, 2012.
42. Leahy, Robert L. The worry cure: stop worrying and start living. London: Piatkus, 2006.

PARA SABER MAIS

Visite o site www.masci.com.br, lá você irá encontrar diversas informações complementares, vídeos, notícias e atualizações deste livro. Você ainda pode deixar um e-mail de contato para receber novidades e atualizações.